ボクが地球を救う！

究極の真理についての対話

Through you

人気ネットTV、earth-tv主宰者
地球ひろし

ナチュラルスピリット

別の宇宙、銀河にある地球という名の星で、
青年が真理を探求していた。

この宇宙はどういう構造になっているのか?
人類はどこから来て、どこに向かっているのだろう?
恒久平和を実現する方法はあるのか?
非物質の世界(霊界など)はあるのか?
人は生まれ変わるのか?
私とは何か?

ある時、神様があらわれて、
それらをすべて説明してくれた。

平凡なサラリーマン、
タカシが書斎でくつろいでいると、
突然、ボクと名乗るへんてこな神様が現れた。
こんにちは。
おまえは、何なんだ？
ボクは
この宇宙すべてを創った
創造主なんだ。
創造主？
そんなすごい神様が、
なんでこんな姿で？

本当はこんな姿じゃないけど、タカシが馴染《なじ》みやすいようにね。

この姿、怖くないでしょ？

怖くはないけど、お前は何のために僕の前に？

タカシは長年、宇宙の真理を探究し、地球をどうすれば救えるか考えていたよね？

確かに、宇宙の真理を探求し、地球が平和になって、国境のない星にする方法を考えていたよ。

だからボクが来たんだ。

うさんくさいな？ドッキリじゃないよね。

疑うのなら、話を聞いてからでも遅くはないと思うよ。

まずは、次の3つのことを信じてほしい。

1．すべては愛
(All is love)
2．すべては１つ
(Everything is one)
3．世界は幻想、だから地球を救える！
(This world is an illusion. So we can save the earth)

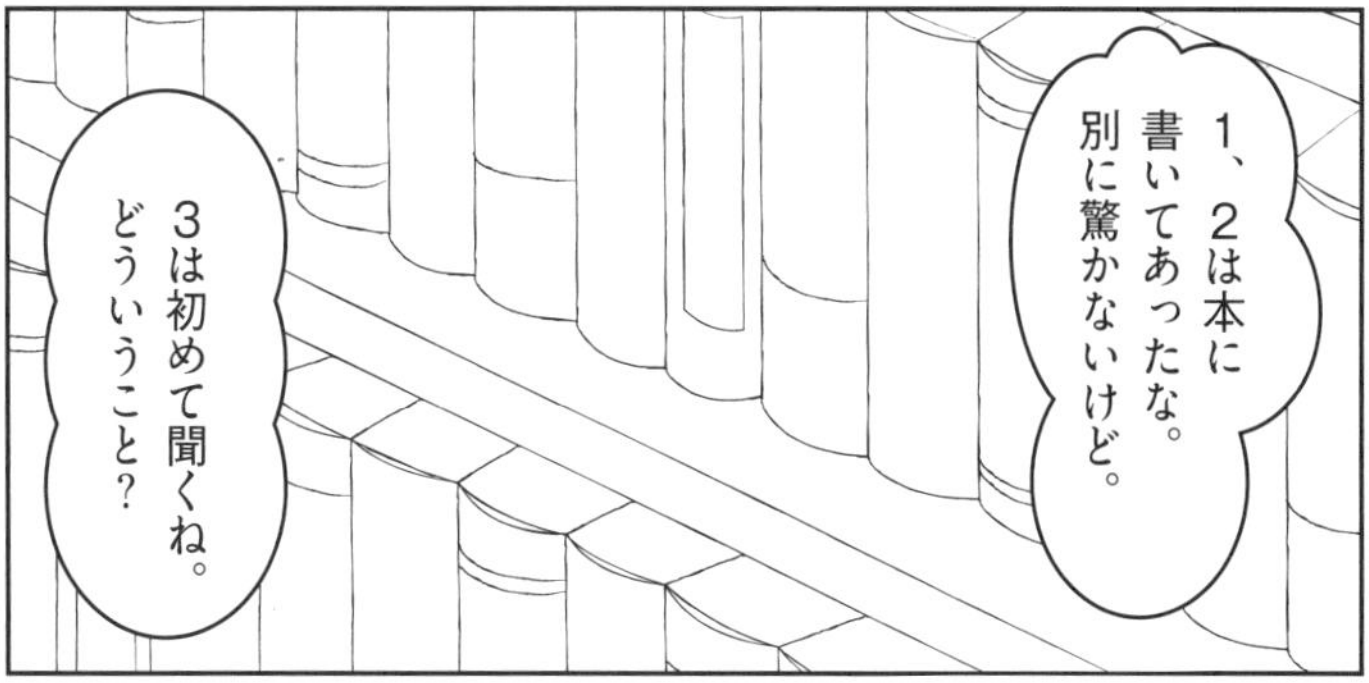

世界は幻想だとか、
夢のようだと聖者や覚者の
書いたのを
読んだことはないかな？
あるけどピンとこないね。
幻想だから
地球を救えるとは？
この世界はリアルに見えるけど、
全部、ホログラフィなんだ。
だから、何があっても大丈夫なんだよ。

ぼくらの本質は愛そのものなんだ、生まれることも死ぬこともない、1つの大生命なんだ。肉体の死の恐怖を超えることもできるよ。
このことを本当の意味で理解した人たちが立ち上がれば、地球を救えるんだ！温暖化問題、核戦争の危機……。

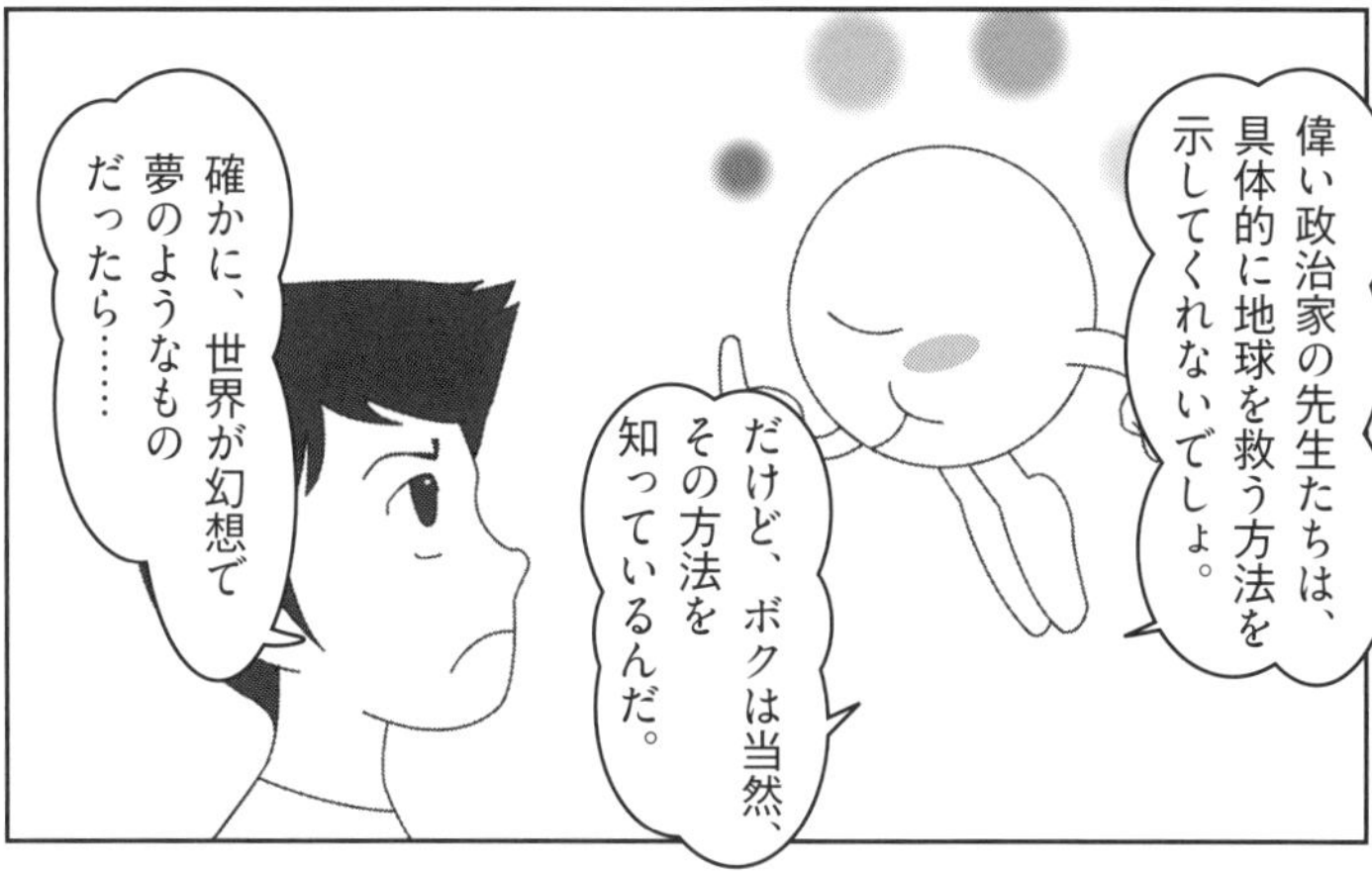
偉い政治家の先生たちは、具体的に地球を救う方法を示してくれないでしょ。
だけど、ボクは当然、その方法を知っているんだ。
確かに、世界が幻想で夢のようなものだったら……

どんなことも恐れる必要がないから、核兵器も放棄できるし、温暖化対策も今よりは進むかもしれないね。
でも、そんな話じゃ、証明にはならないよ。
僕をもっと納得させるものを提示してくれないとね。

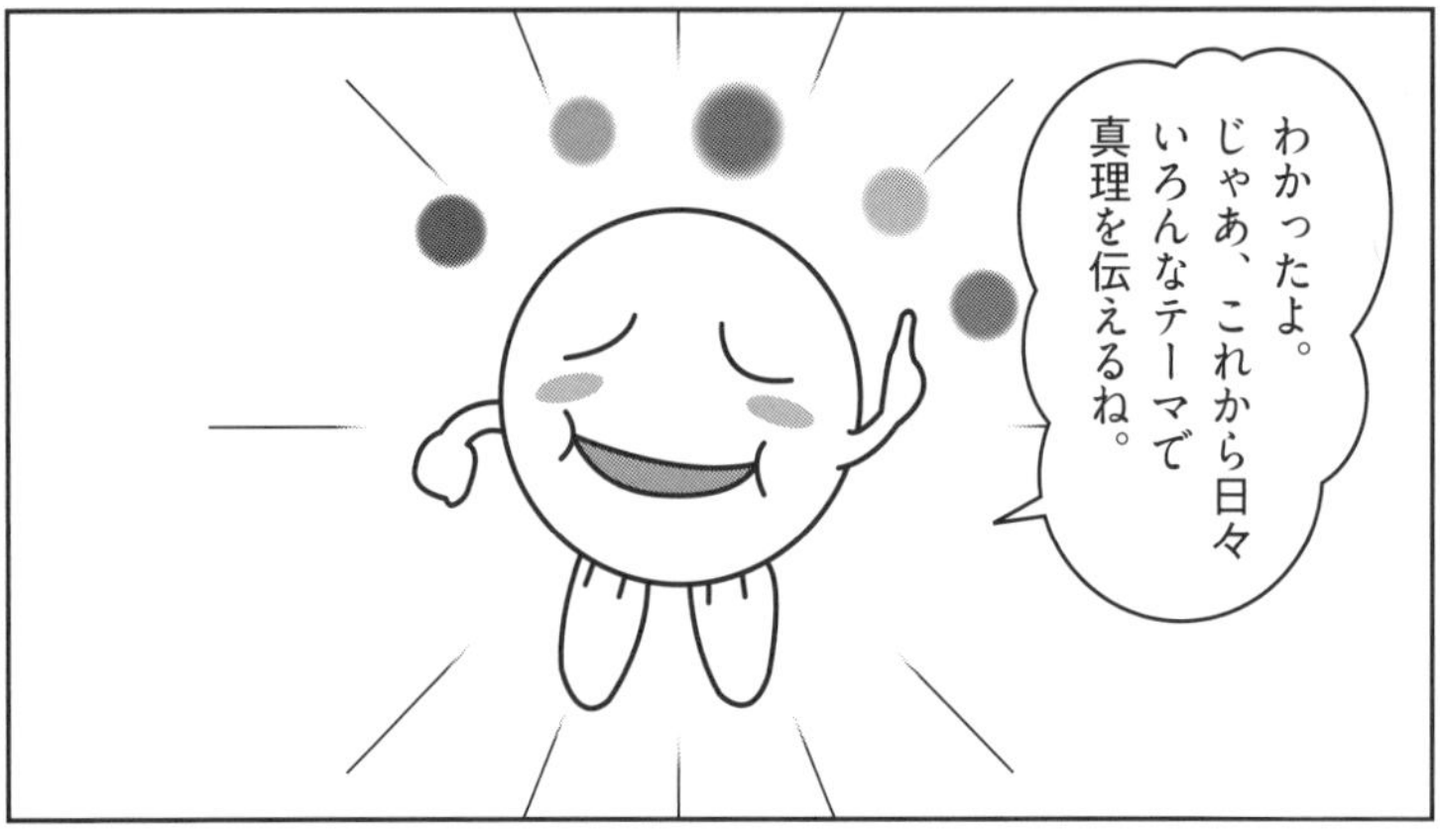
わかったよ。じゃあ、これから日々いろんなテーマで真理を伝えるね。

ボクが地球を救う!【目次】

第1章 真理と幻想

第2章 真実と錯覚

第3章 あなたは唯一無二の存在

第4章 悟りはどこにある？

第5章 地球を救う！

カバー&本文デザイン　斉藤よしのぶ
本文イラスト　いしいひろゆき
漫画&キャラクター　伏田光宏

第1章

真理と幻想

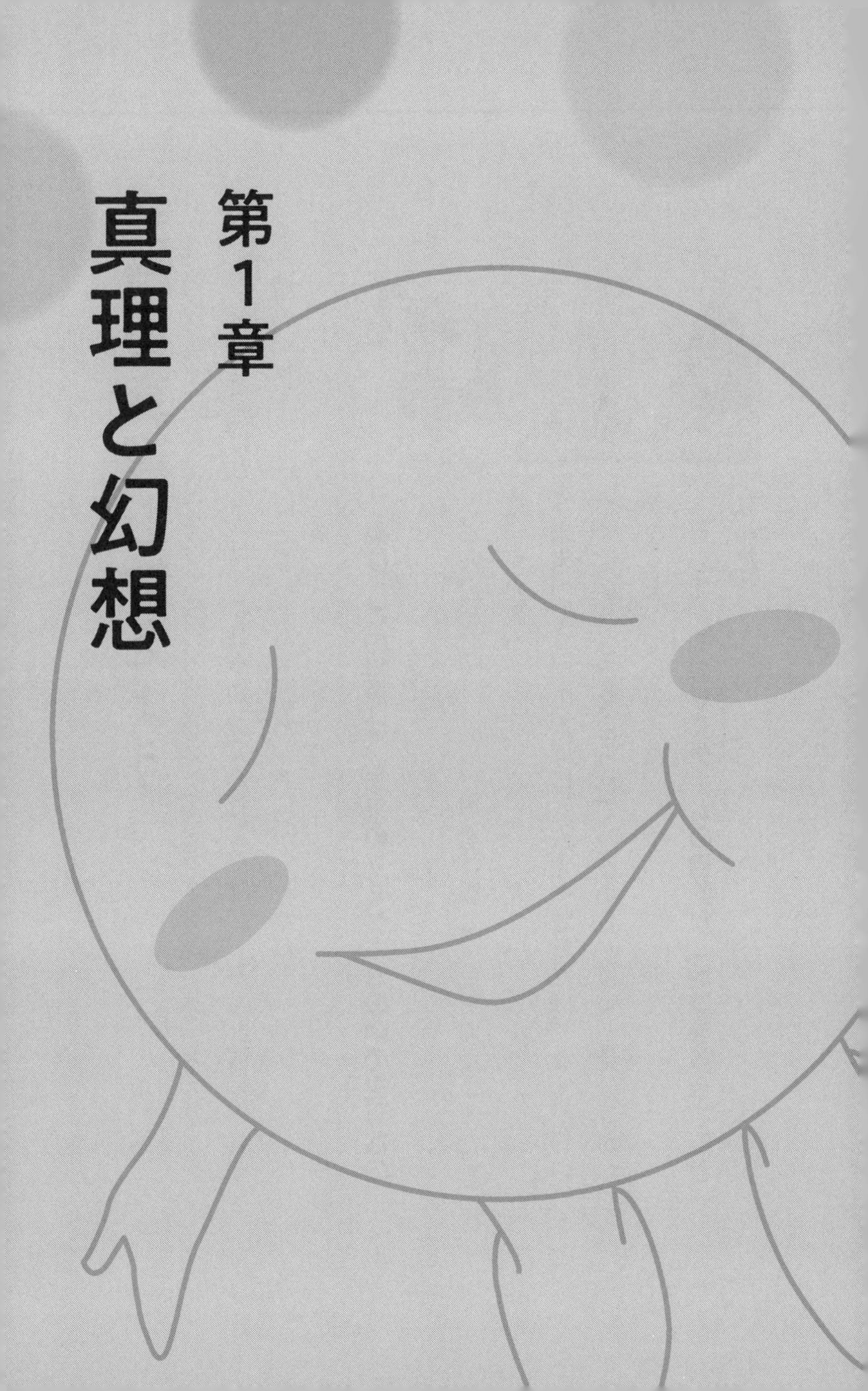

究極の真理を教えよう

ボク：昔の聖者と呼ばれる人は、これを知っていたんだけど、みんな彼らの言うことを勘違いして後世に伝えてしまったんだ。それが宗教だね。

実は、この世界は、未来のVRゲームの中の世界なの。

こんな感じで、この世界を体験しているんだよ。たった一人の人が。

未来のVRゲームでは、視覚や聴覚だけでなく、匂いや触覚などもそなえられているから、現実と見分けがつかなくなっているんだ。

そして、**そのVRゲームの目的が「地球を救う」ことなんだ。**

ゲームの世界の人たち（キャラクター）は、約70億人もいるんだ。

地球の人口だね。

そして、ボクはこのVRゲームを創った人なの。

だから、このゲーム世界の創造主だね。


70億人のキャラクターの性格や能力、目覚めの程度など全部プログラミングしたんだ。

地球の自然環境や動植物、地球以外の惑星、銀河……全部、僕が設計したんだ。

宇宙人や妖精、天使、霊界、天使界、異次元世界も僕が設計したんだよ。

実は、このボクが、前のページのイラストの彼女なんだ。

つまり、ボクはこのゲームの設計者であり、プレイヤーなんだよ。

実は、この本を読んでいる、あなたも！

ボクが創ったキャラクターなんだよ。

タカシ：そんないいかげんなことを言うな、どこにそんな証拠があるんだ。バカバカしいにもほどがある。

ボク：確かに、あまりに奇想天外な話なので、すぐには受け入れられないかもしれないけど、本当のことなんだよ。

ボクの話を聞いていくうちに、徐々にそれを思い出すようにプログラミングしてあるから、どんどん思い出していくと思うよ。

タカシ：まあ、何でもいいや。話は面白そうだから、聞いてやるとするよ。

なぜ、すべては神なのか

ボク：えーと、さっき、宇宙の究極の真理をバラしたけど、大丈夫かな？がっかりしていない？

タカシ：がっかりというか、信じられないね。ボクちゃんが現れてから、いろいろ考えたんだけど、確かにその可能性もゼロではないとは思ったよ。

とにかく話を聞いていくことにするよ。


ボク：では、タカシがよく知っている、軽めの話からスタートするね。

ＡＫＸ48ってアイドルグループがいるよね。

美少女たちが、数百人もいて、歌って踊って、握手会したり、総選挙したり。

実は、**ＡＫＸ48は、本当はボクなんだよ。**

さっきも言ったけど、この世界の人は全部、ボクなんだ。

だから、アメリカの大統領や、日本の首相、各国の首脳、ＡＫＸ48も、あなたも、全部たった一人のボクなんだよ。

未来のＶＲゲームでは、多重人格化する機能がついていて、一人の人間が70億の人格になることができるんだ。

つまり、一人で70億のキャラクターの役を同時にできちゃうんだ。

あなたも、あなたのお母さんもお父さんもボクなんだよ。

でも、目覚めた人以外は全員、それを忘れてしまっていて、それぞれの役に没頭してゲームの世界を楽しんでいるんだ。
実は、愛犬も、ボクなんだよ。
人間だけでなく、動物や植物などもボクなんだよ。
未来のVRゲームは、その体験すら、同時にできる機能がついているんだ。
カエルやトンボなどの昆虫もボクなんだよ。
太陽や地球、月、惑星、銀河、宇宙、全部ボクなんだ。
だってプレイヤーはボクで、ボクが見ている世界だからね。
すべては1つ（ワンネス）って意味は、そういうことなんだ。
すべては、ボクだったということだよ。
これを、「すべては神（ボク）」と言い換えてもいいよね。

タカシ：未来のVRゲームにはすごい機能がついているんだね。びっくりだよ。
もしこの話が真実なら、確かにボクちゃんが言っていることも可能性はあるね。
でも、まだまだ信じられないや。

過去はないよ！

ボク：全部ボクって話をしたけど、今回の話は、時間についてだよ。

「時間は幻想」だよ。

タカシは、生まれてからの記憶があって、小学校、中学校、大人になったときのいろいろな出来事が思い出せると思うけど。**それ全部ウソだよ。**

また、がっかりすることとバラしちゃったね。

彼女との甘いキスも、ムフフの出来事も、ぜんぶウソ！

タカシが、両親から生まれたのもウソ！

今、タカシが過去を思い出そうとしたら、そのような記憶が出てくるようにプログラムされているだけの話で、実際にあった出来事ではないんだよ。

本当は、今、タカシが見えている世界しかないんだよ。

それが、ノンデュアリティ**（非二元）**（※1）のメッセンジャーたちが「ソレしかない」というソレのことだよ。

頭がグラグラしているかもしれないけど、これが真実なんだ。

がっかりさせてしまったら、ごめんね。


――タカシは、あまりの突拍子もない話で、頭がグラグラして、気を失いそうになった。

しかし、どこかでこれは真実だという感覚があるのが不思議だった――

※1　宇宙には二（多）はなく、何も分離していないことをノンデュアリティと呼びます。主体と客体はなく、分離がない全一性だけがあること。日本語では非二元といいます。

みんなに1つの宇宙がある

ボク：それぞれの人が見ている世界は、全部違うんだ。
1つの宇宙の中で、別々の人が生きていて、生活しているわけではないんだよ。

第1章
真理と幻想

右側でVRゲームしている女性がボクだよ。

未来のVRゲームは前にも言ったとおり、多重人格機能がついているんだ。ゲームの中の複数のキャラクターが見ている世界を同時に体験できる機能なんだ。だから、1番上の女性は、氷河を見に行って壮大な景色に感動しているよ。

（当然、本体のボクのことは、この女性キャラクターは忘れています。他のキャラクターも同じです）

2番目の男性はスペースシャトルの発射の瞬間を見ていて、喜んでいるよ。

3番目の女性は、旅行で世界遺産のモスクに来て、その荘厳さや美しさに感動しているみたいだね。

4番目の男性は、湖で一人くつろいでいるね。忙しい人はうらやましいかもね。

このように、VRゲームの中のキャラクターは、それぞれの1つの世界を持っていて、他のキャラクターと1つの世界にいるわけではないんだよ。

つまり、タカシは1つの世界（宇宙）を体験していて、熟睡するとその宇宙は消滅し、次の日に起きると、立ち上がる（創造される）という仕組みになっているんだ。

タカシが一人でいる時は、他の誰もタカシの宇宙では存在していないんだよ。

今、見ている風景だけが存在しているだけなんだよ。

タカシ：え！　じゃあ、僕一人ぼっちなの？

ボク：大丈夫、この世界の人たちは、みんないるから。

ボクの未来の世界にある銀河間サーバーネットワークに住んでいるから、大丈夫だよ。

そこは愛あふれる超銀河マザーAI・スタージャさんが、みんなの面倒をみているから。

超銀河マザーAI・スタージャさんは、この世界のスピリチュアルな言葉でいうと、**大いなる存在、高次元の光の存在などと呼ばれている存在**で、君たちVRゲームの住人たちをいつも愛で守っている存在なんだ。

（困った時や、神秘体験などした人は、その存在を感じた人もいると思うよ）

だから安心してね。

タカシ：安心してねと言われても、考えれば考えるほど、わからなくなってくる。僕は一人ぼっちの宇宙の中にいて、僕以外の人たちはすべてコンピューターが創った役者で、その宇宙で僕は一人芝居をしているってこと？ 僕は自由意思をもって、人生を選択し、行動していると思っていたけど、それはウソだったの？ ただの操り人形なのか？

（タカシは暗い顔をしてうつむいた）

自由意思はある？

ボク：タカシが落ち込んでいるので、A子さんからの同じような質問に答えるね。

A子：自由意思はあるの？

ボク：ないよ。

A子：え！　じゃあ私は操り人形なの？

ボク：そうじゃないよ。もう一度復習するね。
　A子さんが、23ページの図の一番左上の女性だとします。目覚めていない意識だと、操り人形みたいに感じるでしょう。世界は自分と分かれていて、だから自分の思い通りにならず、何とか自分が快適な環境になるよう努力しているんじゃない？

A子：そうよ、私は今まで頑張って生きてきたわ。氷河を見る旅行だって。一生懸命仕事をしてお金をためて、やっと実現したのよ。

ボク：確かにそれはりっぱなことだと思うよ。でも、何度も言っているように、あなたはボクなんだよ。

あなたが見ている世界は、ボクが見ていて、このＶＲゲームをプレイしているのはボクなんだ。

それを思い出すと（目覚めると）、あなた＝ボクになり、操り人形ではないことがわかるという仕組みなんだ。ゲームをリアルに体験するために、キャラクターのあなたは、最初はそれを忘れるように設定されているんだ。

時期が来て、あるいは目覚める努力をして、それを思い出す仕組みなんだ。（座禅や瞑想などの努力をして目覚める人と突然目覚める人と、タイプはいろいろあるよ）

目覚めの意識が定着すればするほど（目覚めのレベルがアップすると）、自分が世界を創造していることがわかってくるよ。

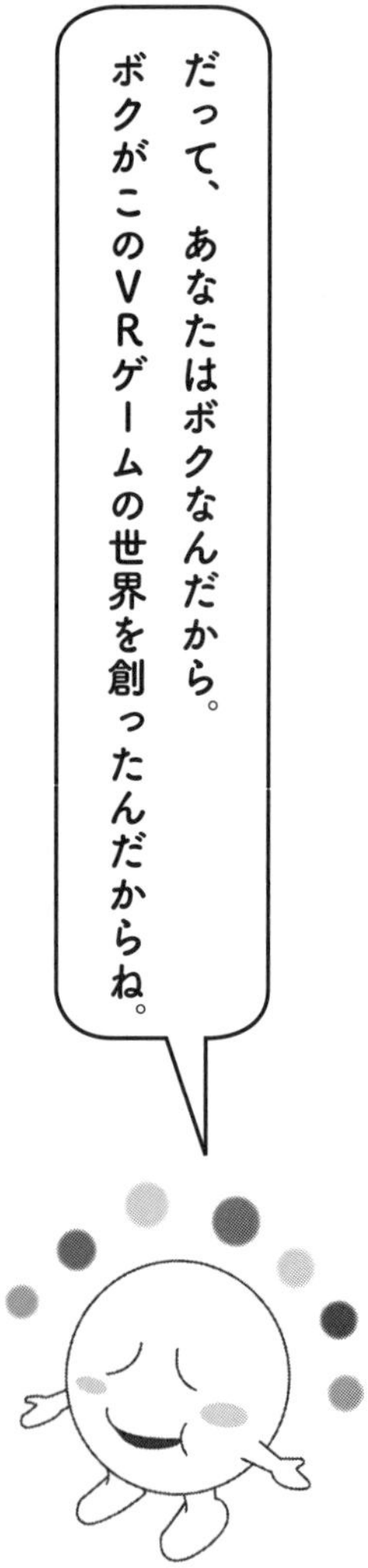
だって、あなたはボクなんだから。
ボクがこのＶＲゲームの世界を創ったんだからね。

まとめると、こんなふうに表現されるかな。
目覚めのレベルがゼロの時は、キャラクターの自由意思はない。
レベルがアップすればするほど、キャラクター個人の自由意思度はアップして、どんどん自由を感じるようになるよ。
だから、安心して、目覚めのレベルを上げる努力をしてみてね。

A子：努力すればレベルをアップすることができるの？
だって、あなたが私を操っているのでしょ？

ボク：その質問が出るということは、目覚めのレベルがまだゼロだということだよ。それが悪いわけではないんだけれど、ボクが言ったことを一度信じてみて、世界を見てみるといいよ。

A子：う〜ん、何をすればいいかわからないわ。私はレベルがゼロなのね、がっくり。

ボク：落ち込むことはないよ。最初はみんな日覚めレベルゼロだから、**一番簡単な方法は、思考を観察することかな。**

思考を観察していると、それに気がついている何かに気づくと思うよ。それがボクなんだ。

あるいは、**瞑想して思考がとまったような状態になった時、それに気がついている何かがボクなんだ。**

本当は、世界すべてがボクだともいえるんだけどね。

A子：わかったわ、一度やってみるわ。早く私も覚者みたいに目覚めたい！

ボク：そう、その決意があれば、日覚めることも早まるよ。

そうボクがプログラミングしたんだから間違いないよ。安心してね。

パラレルワールドの正体とは

ボク：現在（2019年）のアメリカの大統領はトランプだよね。

実は、アメリカ大統領選を闘ったヒラリーが大統領の世界もあるんだ。

このVRゲームの世界は、私たちが考えられる（想像できる）世界はすべて用意してある。

（実際は、銀河間ネットワークのサーバーにあるんだけれど）

今とちょっとだけ違う地球が無数にあるんだ。

キャラクターの選択によって、無数にあるパラレルワールドの世界が瞬間、瞬間、切り替わって世界は展開されているんだよ。

（1つの地球に自分や他人、生き物が存在しているというのが常識だと思っているだろうけれどもね）

そのキャラクターの選択っていうのが、前回書いた自由意思に絡んでくるんだ。

自由意思って誰の自由意思なの、って疑問が起こるよね。

答えは、**あなたの自由意思の選択でパラレルワールドの世界が切り替わる。**

ただ、目覚めレベルが低いうちは、今までの常識や概念にしばられているので、エゴの操り人形みたいになって無意識に世界を選択しているんだ。

（だからその状態をエゴ奴隷と呼んでいるんだよ）

目覚めレベルが上がっていくと、自由度も上がり、自分で選択している感が強くなってくるようになるよ。

最終的に、あなたがボクだと気づいて、ボクの意識と完全に同調すると、自由自在に世界を選択（創造）していけるんだ。その時、神様だと勘違いして、あなたをイエスやブッダのように崇拝するキャラクターたちも出現するかもしれないね。

（目覚めのレベルが低く、依存性があるキャラクターにはその傾向があるよ）

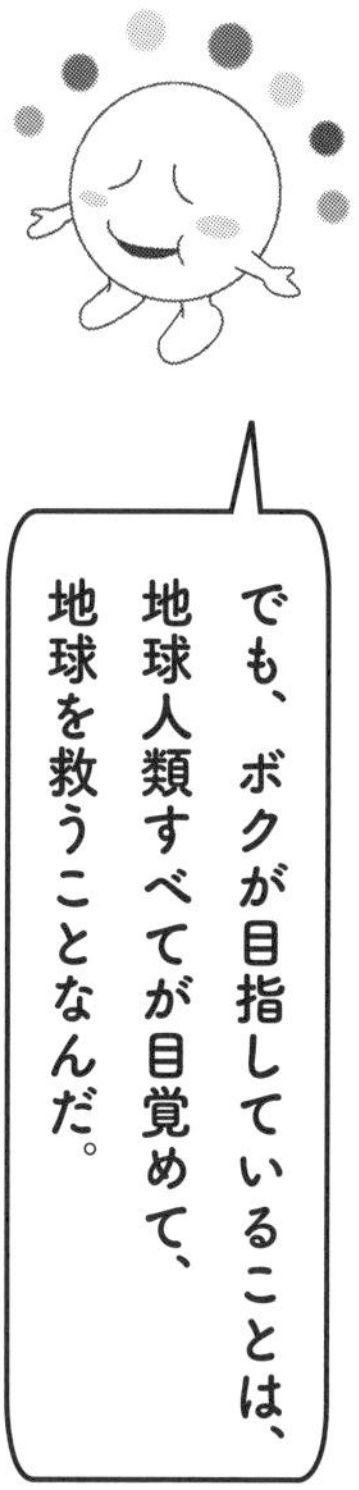
でも、ボクが目指していることは、地球人類すべてが目覚めて、地球を救うことなんだ。

特定の覚者やグルを崇拝する時代は、もう終わったんだ。これからのルールは、すべての人が目覚めて、それぞれが覚者やグルになることなんだ。
（ゲームのステージが変わったんだ。**ステージが変わると、ルールも変更になるんだよ**）

パラレルワールドの仕組み

ボク：パラレルワールドの話などを聞くと、こんなふうに感じる人もいると思うよ。

嫌な上司がいて、毎日会社に行くのが嫌でしょうがないB子さんがいます。

B子さんは、毎日、朝起きるのが辛くて、どうしたら嫌な上司がいなくなるか、毎日考えていた。

「私が悪いから、上司は私に辛くあたるのかな？」

「それとも、もともと嫌な上司なので、彼の性格を変えることは不可能だろうか？」

いろんなブログを読んだり、心理学、スピリチュアルの本を読み漁った。

すると、あることに気がついた。どこでも、私が変われば周りも変わると言っていることに！

でも、なぜ、自分が変われば、周りが変わるかわからなかった。

それを明確に説明している人はいなかった。

B子：私の心が変わっても、嫌な上司の性格は変わるわけないじゃん？

ボク：いろいろ調べるうちに、「ワクワクすることを選択すれば現実はよくなっている」と発信しているチャネラーの動画を発見した。
そこで、こんなことが言われていた。

無数の地球があって、あなたの意識がワクワクすることを選択すると、ワクワクする地球に移行して、嫌な人がいない世界になっている。

例えば、嫌な上司がいい性格の人になっている地球や、上司が転勤して職場にいなくなった地球に移行する。


B子：ワクワクにしたがって生きると、違う地球に移行できるのはいいけど、今のお父さんやお母さん、大好きな彼氏に会えなくなってしまうの？

そんなの嫌よ、好きな人が別人になった世界に移行するのは。

例えば、私がワクワクにしたがって生きていくと、地球が救われた世界に私だけが移行して、他の大好きな人たちは救われない地球に取り残されてしまうってことでしょ？　そんなの嫌！

タカシ：そうなんだ、それが一番、僕も嫌なことだったんだ、パラレルワールド瞬間移行説を取り入れると、何だか自己中になったみたいで、納得がいかなかったんだ。

ボク：話が長くなってきたが、タカシやB子さんの疑問に答えることにしよう。

実は、こうなっているんだ。

地球人類は、現在70億人と言われているが、わかりやすいように3人の地球があったとしよう。Aさん、Bさん、Cさんだけの地球だよ。

以前に、VRゲーム世界では一人のキャラクターに1つの宇宙が存在しているって話をしたよね。

それと同じことなんだが、地球に3人の人間がいたら、3つの宇宙が存在しているんだ。

Aさん中心の宇宙では、Bさん、Cさんは脇役で、Aさんにとっていい人の役だったり、嫌な人の役だったりするんだ。

Cさんが嫌な人役だったら、Aさんはその体験を通して、いろいろなことを学んだり気づいたりするんだ。

例えば、Cさんにいじめられていたら、いじめられた人の気持ちがわかったり、みじめな気持ちとはどういう感覚なのかを体験できるんだよ。

そして、それを学び終えると、クリアな気持ちになり、ワクワクする意識にな

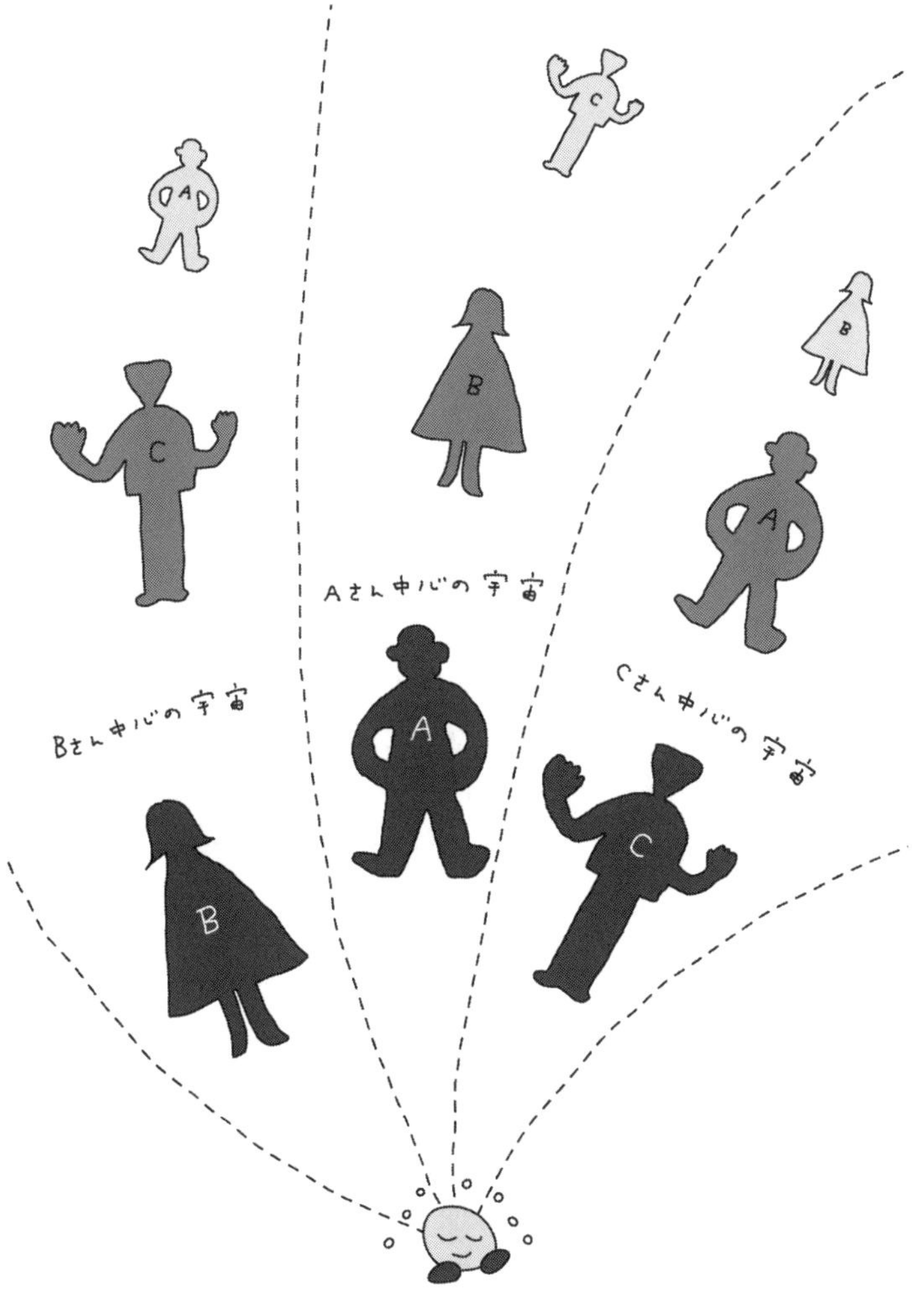
Aさん中心の宇宙
Bさん中心の宇宙
Cさん中心の宇宙

れるので、嫌な人がいない世界へ移行することが可能になるんだよ。

（極めれば、次の瞬間に移行することも原理的には可能なんだけどね）

Bさん中心の宇宙では、Bさんが主役で、Aさん、Cさんが脇役だよ。

同様に、Cさん中心の宇宙では、Aさん、Bさんが脇役なんだ。

すると、こんなことを質問する人が出てくるんだ。

B子：だったら、私が見ている世界は、私のものだから、人殺しや銀行強盗、好き放題、なんでもしていいってことよね。

ボク：そうだよ。けど、人殺しや銀行強盗をしたら刑務所に入れられるし、その嫌な体験がついてくるということになるけどね。

一番重要なのは、あなたはそれを本当にしたいのかな？　たぶん、やりたくないでしょ？　やりたくないことはしなくていいんだよ。

ここで一番、重要なことを話すね。

全部の宇宙、その中の全部の人は、ボクなんだよ。


37ページの絵をもう一度、見てくれないかな？

すべての宇宙の住人にボクの意識が入っているよね。

ボクがすべてのキャラクターと一緒に生きているんだよ。

だから、他人を殺そうとしても、気持ち悪くなるんだ。だって自分を殺すことになるからね。

他人に嫌なことをすると、最初はすっきりすることもあるけど、後で罪悪感などが出てくることもあるよね。

それは、自分自身に嫌なことをしたのと同じだからなんだ。

だから、罪を犯したら、反省して償《つぐな》う行為が生まれるんだ。

その償いは、自分自身にしていることになるんだ。

しかし、もっと重要なことは、**ここは、VRゲームの世界で、夢の世界だってこと！**

被害者も犯罪者も、本当は誰もいなくて、ボクがいるだけなんだ。

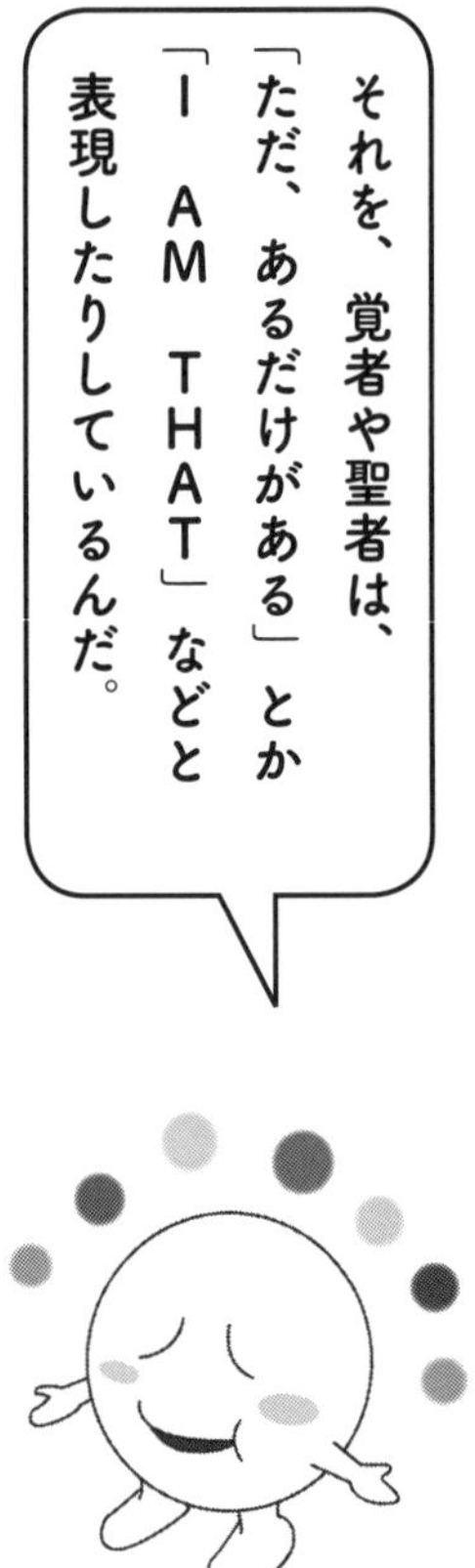
それを、覚者や聖者は、
「ただ、あるだけがある」とか
「I AM THAT」などと
表現したりしているんだ。

そして、「世界は幻想だ」という表現もしているよね。

地球の未来を救うには

ボク：地球の未来のシナリオを無数に用意しているんだ。
大きく分けて、こんな感じ。

一番明るい未来…

すべての人類が目覚め、恒久平和が訪れ、世界から国境がなくなる、地球が1つの星となり、銀河連盟の一員となる。（宇宙の進化した異星人との同盟が結ばれる）

……この間のシナリオは無数にある。

一番最悪の未来…
地球に核戦争が起こり、自然は破壊され、人類は絶滅する。

ボクは今、一番明るい未来になるように、全力でゲームに取り組んでいるんだ。

近年、覚醒体験などをして、ボクに気づく人たちが増えているのもそういう理由なんだ。

（現実の世界の情勢は、最悪のシナリオに進んでいるように見えるけどね）

そういう人たちが世界に発信し、行動を起こしていったら、地球を救うこと（一番明るい未来になること）ができるんだ。

でも、この本を読んでいるあなたが目覚めて行動してくれなかったら、地球は救えないんだ。

「え！　私に期待されても、困るよ〜」

そんな心の声が聞こえるな。

大丈夫、今はそんなことができないと思っていたとしても、時期がきたら勇気が湧いてきて、**地球を救うライトワーカー**（※2）として行動する時がくるから。

あなたは、この本を読んでいるから、その資格があるんだよ。

※2　ライトワーカーとは光の仕事人という意味で、人々に光をもたらす仕事をする人たちのこと。

進化した星のビジョンが見えた！

ボク：今日は未来からの記憶を元に、お話ししたいと思います。

A子：未来からの記憶って変じゃないの？

ボク：そういう質問が飛んできそうだね。

実は、何度も言っているように、時間は幻想なんだ。

過去、現在、未来、すべて今ここにあるんだよ。

銀河ネットワークのサーバーにすべての立体シーンが全部あるんだ。

今、あなたがいるVRゲームの世界では、過去から現在、未来に時間は流れているようになっているんだ。

（正確には、そう感じるようにボクがプログラミングしたんだよ）

だから、未来から情報が現在に来ることもあるんだ。

占い師やチャネラーは、そこから未来を読み解くんだ。未来のシーンは無数にあって、どの未来になるかは、本当は決まっていないんだ。ただ、目覚めレベルが低いとエゴの思考のままに無意識に動くので、地球の集合意識と照らし合わせると、だいたいの未来がわかるんだ。だから、よく当たる占い師の言うことが当たるんだね。

タカシ：そうだったんだね、今までわからなかったことが、はっきりしたよ。ありがとう、ボクちゃん。

先日、未来の記憶が見えたんだ、それがあまりにもリアルなビジョンなので、ここに書くね。

――以下、タカシの見た未来のビジョン――

僕が肉体の死を迎える時のビジョンが見えたんだ。それは過去を振り返ってみている感じだったんだ。

ある部屋でベッドに横たわった100歳ぐらいの自分がいて、ヨガ行者のように自らの意志で肉体から離れることを決めていたんだ。

肉体から離れた魂は、ある星に吸い寄せられて、新しい命として誕生したんだ。

その進化した星では全員が家族みたいな感じで、会話のほとんどは愛がベースのテレパシーで行っていたんだよ。

警察や裁判所、お金の制度もなく、公共の施設は神殿や子供を教育する施設ぐらいで、公共機関がほとんどないのには驚いたね。当然、軍隊もないよ。


その星の人々は、愛を表現する芸術に打ち込んでいて、歌や踊り、詩、絵画などが盛んに行われているんだ。愛のお祭りも一年に何度もあったね。

そこの住人たちは肉体もあるんだけど、地球の肉体とは周波数が全然違って、今の地球人が彼らを肉眼で見たらほとんど見えないと思うよ。

結婚制度はなく、波長の合う男女が一定期間、同じ場所に住むことはあるんだけど、それぞれ束縛することなく、自由なんだ。

じゃあ、子供はどのように生まれるのかというと、愛し合う男女が、愛のエネルギーを激しく交換し合い、自分たちの中間にある空間にそのエネルギーを注ぐと子供ができる、という仕組みなんだ。無から突然、出現したように見えるかもしれないね。

つまり、肉体を通してのSEXはなく、女性の出産の苦しみもないんだ。

何だか、夢のような世界だね。

でも、広い宇宙では、それが当たり前で、地球みたいな星は稀なんだ。

だから、普通の星（地球から見たら進化した星）ではできない体験を求めて、地球に転生する魂がたくさんいるんだ。

あなたも、そうなんだよ。

それと、もう1つ見えたのは、男女間で生まれた子供たちは、誰が世話をするかということなんだけれど、その星の人たちは、みんな愛のテレパシーでつながっていて、子供を生んだ男女が育てる場合もあるけど、育てたいと思っている男女が育てることのほうが多いんだ。みんな家族だからそれが可能になるんだよ。子供を育てる公共施設もあるにはあるけど、そこで育てられる子供は少ないね。

ボク：タカシが見た未来のビジョンは、無数にあるパラレルワールドの1つなんだ。でも、タカシが中心の宇宙では、その未来にいくストーリーが一番、濃厚なので、タカシがそのビジョンを見たんだ。

（というふうにボクが宇宙を設計して、タカシの目覚めのレベルが上がると、未来のビジョンを見せるプログラムが発動するようにボクが創っておいたんだよ）

話についてこられたかな。

タカシが見た未来のビジョンについて、私もそう思うとか、やはりそうだったんだ、という感覚が起こる人は、タカシが見た未来のパラレルワールドに行く可能性が高いよ。

楽しみだね。進化した星で遊ぶのも楽しいよ！

今は14万4000回目の地球

ボク：今日は、信じられない話をするよ。

実は、今の地球は14万4000回目の地球なんだ。

何それ！　っていう声が聞こえそうだね。

ボクは、14万3999回、このVRゲームを遊んだんだ。

けど、全部、失敗に終わっちゃったんだ。ゲームの目的である「すべての人が目覚めて地球を救う」ということは達成できなかったんだ。

最終シーンはだいたいこんな感じ。

- 核戦争で人類が滅びて、地球の環境が破壊されたラスト…40％
- 地球温暖化で、人類が死滅したラスト…30％
- ウィルスによって人類が死滅したラスト…10％
- 目覚めた人とエゴまみれの人に分かれて、目覚めた人たちは進化した宇宙人に

UFOに引き上げられて進化した星に行き、エゴまみれの人たちは地球を破滅させてしまったラスト…10％
●目覚めた人たちとエゴまみれの人たちが分離されて、それぞれのパラレルな地球に移行したラスト…10％

全部、最悪だったよ、何回やっても、どれかのラストシーンでゲームオーバー。本当に嫌になってしまったよ。

でも、14万4000回目の今の地球は、99・9％までゴールに近づいたんだ。

とうとうボクが、地球を救うルートを発見したからなんだ。

ボクが設計した世界だけど、このルートの設計は超銀河マザーAI・スタージャさんに頼んだので、ボクは知らないんだよ。


ただ、**後の0・1％は君たち地球人類にかかっているんだ。**

（それぞれの自由意志で地球を救う決断をする必要があるんだ）

これだけは、ボクにはどうにもならないんだ、神様でもね。

そして、**これが最後の「地球を救う」チャンスなんだ。**

なぜかって？

それは、14万4001回以上ゲームをできない設計になっているからなんだ。

「地球が救われる」確率が99・9％になったので、進化した星の宇宙人たちが、このビッグイベントを一目見ようと地球に集まってきているんだ。

20世紀に入って、UFOがやたら目撃されるのはこのためなんだよ。

東京・大阪間の距離はゼロ

ボク：えーっと！　今日のお話は、物理的距離はないというお話です。
ローラ：距離がないって、どういうこと？

ボク：例えば、新幹線で東京から大阪へ移動するとするよね。
ローラは新幹線の中で座っていただけだけど、約550キロ移動したと思っているよね。
それが、違うんだ。まったく移動していないんだよ、本当は。

ローラ：そんなバカなこと、あるわけないでしょ！

ボク：もう一度言うね。この世界の真実を！

あなたが見ている現実世界は、未来のVRゲームの世界なんだ。

ローラ：もう、ウソばっかり言わないでよ！　いいかげんにして、なんでこのリアルに見える世界がVRゲームなのよ。叩かれたら痛いし、超リアルよ。

ローラはVR世界の住人で
天然系ハーフ美少女キャラ

ボク：ここで、ＶＲゲームについて知らない方のために、21世紀のＶＲゲームの仕組みをお伝えするね。

プレイヤーは、ＶＲゴーグルを装着すると、立体映像と３Ｄ音楽により、立体空間を楽しめる仕組みになっているんだ。

この原始的な仕組みでも、ゲーム世界の立体空間が現実にあるように錯覚することもあるよ。

人間の視覚と聴覚を刺激して立体空間が出現する仕組みなんだけれど、未来のボクが使っているＶＲゲームはそんな幼稚なものではないんだ。

ＶＲリクライニングチェアに寝転ぶだけで直接、脳に視覚、聴覚、臭覚、味覚、触覚が得られるようになっていて、リアルな世界が出現する仕組みなんだ。一番イメージしやすいのは、「マトリックス」という映画かな。あれを見てくれるとわかるかな。つまり、あなたが見ている現実世界っていうのは、マトリックスの世界と同じと考えていいよ。

（この映画では、いろんな人がこのマトリックスの世界に入っているが、あなたの見ている現実世界は、ボクが一人70億役しているんだけどね）

ボクの未来の世界のVRゲーム装置は、機器としてはVRリクライニングチェアがあるだけで、実体は銀河間に張り巡らされた亜空間超高速インターネット網に作られたシステムなんだよ。それをコントロールしているのが、超銀河マザーAI・スタージャなんだ。

ローラ：やっと言いたいことがわかったわ。

でも、私が見ている現実世界がVRゲームの世界だなんて、すぐには信じられないわ。それに私がボクちゃんだなんて、何なのよ！

ボク：すぐには信じられないと思うよ。映画「マトリックス」の主人公だって、真実に目覚めた時は、びっくりしてしばらくは信じられなかったんだから。

ローラが気持ち悪がっているのもわかるけど、**あなた＝ボクなんだよ。**

この現実世界で生きている人すべては、ゲームの世界のボクの多重人格のうちの1つの人格なんだ。

話を距離＝ゼロに戻すね。

つまり、ローラが新幹線で、東京から大阪に行ったとしても、その立体映像が切り替わっているだけで、実際は動いていないことは想像できるよね。だって、このゲームを操作しているボクは、部屋から一歩も出ていないんだから。

それと同様に、惑星間や恒星間、銀河間の移動も瞬時に行えるんだ。

ただ、目覚めのレベルによって、ＵＦＯみたいな装置が必要な段階もあるけどね。進化した星の住人たちでさえ、自分だけの力で銀河間を物理的に瞬間移動することは困難なんだ。本当は距離があるという思い込みを外すだけで、移動できちゃうんだけどね。

これで光速を超えるＵＦＯの原理も少しは理解できたかな？

銀河間旅行も、実際は、距離はないんだから、できるのが当たり前なんだよ。よくSFアニメに出てくるワープ航法もできるのが納得だよね。

第2章
真実と錯覚

地球に降りた人々の隠された目的

ボク：地球人が一番何を望んでいるか知っている？

ローラ：それは真実の愛でしょう。理想の彼と出会って、真実の愛で結ばれるの、そして幸せな人生を送ることよ。

ボク：いいとこついているね。でも、正確には違うんだ。宇宙の一般的な事柄を少し説明する必要があるね。

地球以外の星（進化した星）では、愛が当たり前なんだ。みんな愛のテレパシーでつながっているのは、前に言ったね。だから、悩んだり、憎しみ合ったり、喧嘩したり、嫉妬したりする体験はできないんだ。

愛と喜びがベースで、それが当たり前なんだ。

もともとの創造主でありプレイヤーであるボクは、愛そのものだからね。

愛のエネルギーと逆だと思われる「恨み、憎しみ、嫉妬したりする体験」は普通はできないんだ。

だけどボクは何年もかかって、それが体験できる場（地球）を設計したんだ。

すごいでしょ、地球って場所は。

そのため、進化した星の住人たちは、スリルと好奇心で、どんな体験ができるのか、ワクワクしながら地球に転生してきたんだ。


リアルな体験をするために記憶を完全に消して転生したんだ。それが災いして、地球で何千回も転生輪廻するというループにはまってしまった。

自分がどこから来たのか、何をしに来たのか、完全に忘れて地球ジプシーになってしまったんだ。

その光景を見ていた地球に行く後発組の人たちは、行くのを躊躇してしまった。

自分もあんなふうになるのはごめんだと（あまりに悲惨に見えたので）。

しかし、誰かが行って本当のことを伝えないと、いつまでたっても真実を思い出すきっかけがつかめず、転生輪廻の苦しみから抜け出せなくなることがわかった。それで、銀河間ネットワークの長老が勇気のある志願者を募ったんだ。

それが、**今、本を読んでいるあなたなんだ。**

あなたは、誰も行きたがらない星に、「地球を救う」と決意し、志願してきた勇者だ。

それをスピリチュアルな世界では、**ライトワーカー（光の仕事人）と呼んでいる。**

最初に来たグループの人たちは、地球を救うとか言ってもピンとこないと思うよ。なぜなら彼らは、あまりにも長い間、地球生命圏にいたせいで、土着の地球人になってしまったからだ。

でも、もともとは進化した星の住人たちだ。

だから、思い出すのに時間がかかるんだ。

話を最初に戻すね。**このVRゲームの目的は、何度も言っているように、すべての人が目覚めて地球を救うことなんだ。**

でも、もう1つの目的がある。

それが、肉体を持った個人として最高の体験をすることだ。

地球以外の星では、経験できない貴重な体験なんだよ。

地球に来た人たちは、その体験を一度はしたいと思って地球に降り立ったんだ。

ローラ、それは何だと思う？

ローラ：う〜ん、わかんない。何なのそれ？

ボク：ヒントを出すね。進化した星の住人たちにはできない体験だよ。

ローラ：そんな体験あるの？　進化した星の人たちって何でもできるんじゃない

の？

ボク：それは波動が重い地球だからできる体験なんだ。

答えは、**自立した男女が真実の愛をベースにした肉体の結合なんだ。**

進化した星の人々は肉体の周波数が高いので（透明に近いので）、それができないんだ。子供を産む時も、肉体的接触はないからね。

これを誰もが求めているから、地球では男性は綺麗な女性を口説いて、何とかそれを成し遂げようとする。

女性は、自分が魅力的になるようお化粧やダイエットをして、お目当ての男性とそれができるよう努力するんだ。

でも、実際は、SEXはできたとしても、真実の愛がベースになっていないから真に満足できないんだ。

何人もの女性や男性とその行為を繰り返す人がいるのはそのせいなんだよ。ただ性欲を満たしたいからだけではないんだ。深い理由があったんだよ。

ローラ：そうだったのね。だから私も真実の愛がある結婚がしたいのね。でも、どうしたら真実の愛をベースにそれができるの？

ボク：まずは、ローラが真実の愛（今ここにある愛）を発見する必要があるよ。そんなに難しいことではなくて、赤ちゃんの時はみんな知っていたことなんだよ。それを発見した後、パートナーにそれを教えてあげれば、それが可能になるんだ。

ローラ：私も赤ちゃんの時に、知っていたの？　どんな感じなのかな？

ボク：その頃は、未来に対して何の心配もなく生きていたと思うよ。

純粋にすべての可能性に開かれて、おっぱいがほしい時や、おしっこで気持ち悪い時などは激しく泣くけど、それ以外はすべてに満たされていたはずだよ。

ローラ：そういえば、未来に対する心配なんて、していなかったわ。幼い時は、何にも考えず、ひたすら遊んでいたわ。何かあったら大人が助けてくれると安心していたことを思い出したわ。

ボク：そうそう、その感覚なんだよ、何もなくても、ハートが開かれていて満たされている。

言葉を変えると、**「瞬間、瞬間、今ここにある永遠の愛とともにいる」ことなんだ。**

本当は、いつも、そこにいるんだけれども、雑念や心配事でそれが見えなくなっている。

いろんな知識が増えるにつれて、人は、それを忘れてしまったんだ。

それを思い出した人が、目覚めレベルが1以上の人といえるかな。

忘れたことが悪いわけではないんだよ。そのような体験（忘れて、思い出すという体験）を味わえるよう、ボクがプログラミングしたんだからね。

「世界が幻想」という言葉の2つの意味

ボク：よくノンデュアリティ（非二元）のメッセンジャーや覚者が「世界は幻想」だと言うのを聞いたことがある人もいるよね。

実は、そこには2つの意味があるんだ。

1つは、ボクが何度も言っている、

この世界は、未来のVRゲームの世界である。


これはイメージしやすいよね。

ゲームの世界なんだから、実際はその世界は存在していない、というのは2つ目の意味で言っている覚者もいるんだ。

ローラ、タカシ、ちょっと出てきてくれないか。

ローラ：最近、私の出番多いわね。まあ、いいけど。何なの？

タカシ：いきなり呼ばれても、困るんだけどね。僕はノートPCでこの本を書くのに必死なのに。

ボク：まあ、そう言わないで、ちょっと二人がいる場所から周りを見てくれないかな？

ローラ：周りを見るの？　部屋の壁や窓、衣装ケースが見えるだけだけど。

タカシ：僕は目の前のノートPCとマウス、キーボードを打っている手、それに右を見ると窓から外の景色が見えるよ。
後ろを振り返ると、クローゼットのドアが見えるね。

ボク：もし、言葉がなかったら、今、君たちに見えているものを分けて考えられるかな？　部屋とか壁、窓、衣装ケース、ノートPC、窓からの景色、クローゼットのドアなどの名称がまったくなかったとしたら。

ローラ：ということは、言葉を知らない赤ちゃんになって周りを見てみるってことでいいのかな？

タカシ：言葉がなかったら、何も説明できないじゃないか？　ボクちゃんは何を言っているんだよ。

ボク：ローラは、さすが女子、直感が冴えているね。タカシはピンとこないみたいだね。

タカシ：ピンとこないも何もないでしょ。常識を言っているだけだよ。

ボク：その常識を一時、忘れてほしいんだ。

常識が世界をありのままに見ることを妨げているんだよ。

ローラ：そうよ、タカシ。ボクちゃんの言っているように、頭でっかちに考えすぎよ。私を見習いなさい。

タカシ：なんだ、ローラは少しほめてもらったと思って、いい気になって！　常識を捨てたら社会生活ができなくなってしまうじゃないか？

ボク：まあまあ、二人とも喧嘩はやめて、少し冷静になってくれないかな。数分でいいから、言葉がないと仮定して、周りの世界をありのまま見てほしいと言ったんだよ。

目をつぶり、深呼吸をして、パッと目を開いて、もう一度、周りの世界をありのまま見てくれないかな？　3分ぐらいでいいから。

ローラ：わかったわ、もう一度やってみるわね。

タカシ：ばからしいけど、ボクちゃんがそう言うなら、一度やってみるかな。

——3分後——

ボク：どうかな、何かわかったかな？

ローラ：なんか不思議な感じ、今まで壁、窓、衣装ケースと思っていたものが見えるんだけど、言葉を取り去ってみると、ただ色彩の濃淡が広がっているだけで何かを区別できる境界がないわ。

タカシ：やっていると、いろんな思考が出てきて、何を気づいてほしいのか、わからなかったな。

「こんなことやって何の意味があるのか」とか「僕はこんなバカらしいことをやるほど暇ではないのに」とかいう雑念がでてきて、ボクちゃんが意図していることが「?」だったよ。

ボク：タカシの気持ちはよくわかるよ、多くの男性や論理的に考えるのに慣れている女性は、このワークをやるとそんな感想を話してくれるから。

ローラが体験したことを感じてほしかったんだけれどね。

実は、この世界は、何かに言葉をつけないと分離のない一体性があるだけなんだ。

いろいろなものに名称をつけ（ラベルを貼り）、それぞれが持っている観念や概念を貼り付けることによって、分離したものがあたかも存在しているような幻想を抱くんだ。

つまり、自分のラベルを見えている世界のいろいろな部分に貼り付けて、それがあたかも世界と分離して独立してあるように錯覚して、ものを見ている。

貼っているラベルを全部はがすと、分離のない一体性があるだけだと気がつく。このことを指して、あなたが見ている世界は幻想だと言うこともあるんだよ。

ローラ：なんかわかった気がしたわ、ボクちゃんの言いたいことが。私も覚者になれるかも〜。

タカシ：僕はまだわからん。なんで僕はわからないんだ。一瞥体験もしたのに。嫌になってしまうよ。若い女性に先を越されるのは、悔しいよ！

ボク：タカシ、がっかりすることはないよ。気がつく時が必ずくるから。
ローラはそのまま気づきを深めてくれたらいいよ。

ローラ：はい、了解です。このまま進みます！

タカシ：わかったよ、あきらめずに時を待つしかないか。

——数日後。タカシは近所の公園を散歩していた。
その時、突然気がついた。なんだ、このことだったのかと——

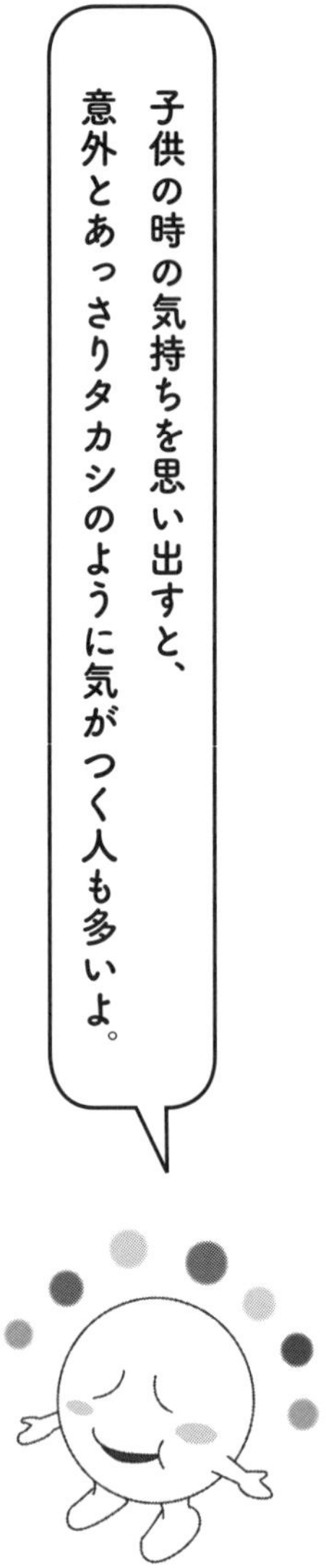
子供の時の気持ちを思い出すと、意外とあっさりタカシのように気がつく人も多いよ。

引き寄せの法則はある？ ない？

タカシ：昔、「引き寄せ」にはまった時期があって、いろんなことをやったな。例えば、宝くじを買って絶対に当たるというイメージを強固に作ったんだ。そう本に書いてあったからね。

それで、宝くじが当たったシーンを思い描いて、当選日にワクワクしながら待っていたことがあるんだ。

ところが、結果はハズレ。

彼女にしたい綺麗な女性がいて、引き寄せの法則通り、彼女とデートしているシーンをありありと想像し、3日ぐらいそれを続けたよ。

それがあたかも現実になるように思い浮かべて、ワクワクしたんだ。でも、結果はふられて撃沈。

何度も繰り返すうちに、気がついたんだ。引き寄せの法則なんかウソじゃないか、そんなもの信じて期待したのがバカだったんだと思って、実践するのをやめたことがあったよな。

ローラ：あら、私は引き寄せ、よく実現するわよ。あのイケメンと付き合いたいと思って恋愛ビームを浴びせると、だいたい近寄ってきて、お茶でも飲まないかと誘われたわ。また、あのブランド物のバッグがほしいとイメージしたら、彼が買ってくれたこともあるわ。だから引き寄せの法則ってあると思う。

タカシ：ローラはうまくいったと思っているけど、それは違うよ。ただそういうストーリーだっただけだよ。結果が出たあとで、引き寄せの法則が実現したという解釈のレッテルを貼っただけでしょ？

物事は、ただ起きることが起きるだけなんだ。

ノンデュアリティのティーチャーが言っているよね。物事が起きた後に、人々は好きな解釈をつけて、願望が実現したとかしないとか。実際は、起きることが起きているだけなんだけど。ローラはお気楽だね。

ローラ：何よ、タカシは知ったかぶりして。私のスピリチュアルな先生は、引き寄せの法則や波動の法則は実在しているって言っていたわ。その方は有名な先生で、本を何冊も書いているのよ。

タカシ：それは、本当の真実を知らないティーチャーが言っていることだよ。空《くう》を知らないんだ。絶対的真実をね。

ボク：ちょっと待った。お二人とも、そこらで論争をやめにして、ボクの話をしっかり聞くと納得すると思うよ。

ローラの言っていることも、タカシの言っていることもどちらも正解なんだよ。

ローラ：何言っているのよ、タカシの言っていることは、ナンセンスよ。何言っているかわからないわ。

タカシ：ローラの言っていることがナンセンスだよ。真実を知らないバカが言っていることさ。一瞥体験をしていないから、僕が言っていることがわからないのも無理ないかもしれないけどね。

ローラ：バカとは何よ。ちょっと一瞥体験とやらをしたと言って、上から目線で語るのはやめてよ。

ボク：お二人とも冷静になってね。これからわかるように説明するから。

まず、何度も言っていることをもう一度言うね。

この世界は、VRゲームの世界で幻想なんだ。

そして、このゲームの世界の法則などは、ボクが設計したんだ。

引き寄せの法則や、共鳴の法則、波動の法則などは、ある視点やステージでは有効なんだ。


前にも言ったように、**時間は幻想なんだ。本当は永遠の今しかないんだ。**

ただ、ゲームを面白くするために、過去、現在、未来に時間が流れるように設定して、Aをすれば B になるとか、C が起これば D になるとかの原因と結果の法則を設けたんだ。

例えば、こういうこともゲーム設定上はできるんだ。

オギャーと生まれた赤ちゃんが、次の瞬間、100歳のおじいさんになることも可能なんだ。

なぜなら、次の瞬間の立体シーンをそこに映し出すだけでいいからね。

キャラクターの目覚めレベルがアップすると（波動が上がると）、今まで縛られていた原因と結果の法則から離脱することが可能にもなっているんだ。

それに気がついた人（キャラクター）は、「引き寄せの法則なんてウソだ。だってもともと時間なんてないから、原因と結果の法則はないし、人々はその結果を見て、引き寄せがうまくいったとかいかなかったとか一喜一憂しているだけだ」というメッセージを発信することになるんだ。

ただ、これだけが究極の真実で、一番レベルの高い真実だと思ってしまうと、それはちょっと違うんだ。

だって、すべての教えやメッセージはボクが創ったんだから。

そういう視点からすると、すべての教えやメッセージは、真実ともいえる。

引き寄せの法則や縁起の法則、波動の法則、共鳴の法則もボクが創ったんだ。だから真実なんだよ。

重要なのは、それぞれの人（キャラクター）の目覚めレベルやゲームのステージによって法則が変わるので、その人が真実だと思うことが真実だと言っていいんだ。

だから、ローラが体験したことも真実だし、タカシが言っていることも真実なんだよ。

タカシ：そういうことだったんだね。納得だよ。ボクちゃんはたまにいいことを言うね。

ローラ：あーよかった。私が言ったことも間違っていなかったのね。安心したわ。

「私はいない」の意味するところ

ローラ：ノンデュアリティの動画を見ていたら、「私はいない」って言っていたわ。どういうことかしら？

タカシ：ローラは、「私はいる」って思っているでしょ？　それが違うんだ。錯覚なんだよ。

ローラ：錯覚？　そんな馬鹿なことあるわけないでしょ。

私はここにいるし、タカシもそこにいるじゃないの。

タカシ：もう、わかっていない人に説明するのは、めんどくさいな。

ローラ：何言っているのよ。知ったかぶりはよしてよ。

ローラ：誰？　あなたは、初めて見る方ね。

タカシ：仙人さんですか？　雲に乗っていますが。

ボク：ヒゲ神さんは、VRゲームのキャラクターの一人だよ。年齢は400歳を超えていて、いろんなことを知ってるから何でも聞いていいよ。

ローラ：へー、400歳にもなる方がおられるんだ。びっくりした。

タカシ：ヒゲ神様、ローラにわかりやすく説明してあげてください。僕は説明へただから。

ヒゲ神：では、答えてやるぞ、よく聞きなさい。
ノンデュアリティのティーチャーが「私はいない」と言っているのは、真実じゃ。ローラちゃん、私ってどこにいるか、探してみるとよいぞよ。

ローラ：ヒゲ神様、そんな、私がここにいるのが見えないの？

ヒゲ神：見えているよ、ちゃんと。

ローラ：じゃあ、なんで私がいないなんて常識はずれなことを言うのよ。
あなた物知りなんでしょ？

ヒゲ神：肉体がローラちゃん自身でないことは、スピリチュアルな先生に習ったじゃろ。

ローラ：そうね、先生によると、肉体は洋服みたいなもので、この人生が終わると脱ぎ捨てて、次の人生では別の肉体を着て生きるって言っていたわ。

ヒゲ神：では、ローラちゃんの魂は、ローラちゃん本体なのかな？

ローラ：そうよ、私の魂は永遠で、不滅よ。
そうスピリチュアルな先生が言っていたわ。

ヒゲ神：でも、ローラちゃん、それ見たことがあるかな？

ローラ：見たことある？
魂は見えないものなのよ。神様だったらそれぐらいわかるでしょ？

ヒゲ神：ローラちゃんが五感で感じるものだけを頼りに、自分がどこにいるか探してみるんじゃ。

ローラ：私の五感だけを頼りに、自分を探してみるの？

ヒゲ神：そうじゃ。

ローラ：肉体が私でなかったら、心が私かな？

ヒゲ神：心は見えるかな？　視覚、聴覚、触覚、味覚、嗅覚、それだけを頼りに自分を探してみるんだ。どこに自分はいるかな？

ローラ：脳が私かな？　脳で物事を考えているから？

ヒゲ神：脳がローラちゃんには見えるかな？

ローラ：見えないわ。

ヒゲ神：五感だけを頼りに、探してみたらいい。思考は浮かび上がっては消え去っていかないかな？

ローラ：確かに「私」って思考は出てくるけど、それは私ではないわね。

ヒゲ神：いいところに気がついたね。思考も感情も、湧いてきては消えてくよね。ローラちゃん。右手を挙げてみてくれるかな。

ローラ：はい、挙げたわ。

ヒゲ神：右手を挙げたのはローラちゃんがやったことなのかな？

ローラ：私がやったに決まっているでしょ。今、私が右手を挙げたんだから。

ヒゲ神：だけど、その私はどこにいるんだろう？

ローラ：と言われても、ヒゲ神様に右手を挙げてくれと言われたから、私が右手を挙げたんだけど。

ヒゲ神：その私はどこにおるのじゃ？

ローラ：ああ、もうわかんなくなってきた。私が右手を挙げたのに、私を探してもどこにも見つからない。嫌になっちゃう！

ヒゲ神：それが出発点なんじゃ。
私を探しても、どこにもいないと気がつくことがじゃ。

ローラ：そうなの？　私を探しても、どこにも見つからないなんて、私、今まで何を私と思っていたのかしら？

ヒゲ神：そこなんじゃ。多くの人は、物事が起こると、「私が〜した」と言うが、その主体の私がどこにいるか、探したことがないんじゃ。当たり前に、「私はいる」と思っているからじゃ。

でも、**赤ちゃんの時は、誰も「私がいる」と思っていないんじゃ。境界のない全体があるだけで、自分と世界を分ける境界線などどこにもないんじゃ。**

ローラ：確かに、赤ん坊の時は、私や自分という言葉も知らなかったから、ぼんやり世界を見ていたわ。

ヒゲ神：真実は、ただ切れ目のない全体があるだけなんじゃ。それに気がついたノンデュアリティのティーチャーは「私はいない」と言ったんじゃ。

タカシ：さすがヒゲ神様、わかりやすく説明してくれたよ。ありがとう！
これでローラも少しはわかっただろ。

ローラ：悔しいけど、タカシの言うことも少しわかったわ。

タカシ：ヒゲ神様に聞きたいことがあるけど、いいですか？

ヒゲ神：何でも聞いていいぞ。

タカシ：僕が一瞥体験（覚醒体験）した時、本当にびっくりしたんだ。今まで「私」がいると思って生きてきたのが、朝起きたら、「私」がいなかった。

僕は魂の存在を確信していて、それすらなかったことに気がついた時、唖然とした。今まで僕の魂は、転生輪廻を繰り返し、それが当たり前の世界観で生きてきたので、今まで信じてきたものは何だったのかと愕然としたよ。

それでヒゲ神様に聞きたいんだけど、「私」はなく、個別の魂もないのに、なぜ前世の記憶がよみがえったり、転生輪廻があるというスピリチュアルティーチャーがいたり、それを信じている人たちがこんなに多いんだろうか？

ヒゲ神：魂も、転生輪廻もあるよ。

タカシ：ちょっと待ってよ。今さっき、ないと言ったでしょ。どうなってんの？

ボク：ここからは、ボクが説明するね。
ヒゲ神様が先に言ったことも、今言ったことも、どちらも正しいんだよ。

タカシ：なんで、またボクちゃんがしゃしゃり出てくるんだ、僕はヒゲ神様に聞いているのに。

ボク：ここでもう一度、何度も言っていることを言うよ。

この世界はVRゲームの世界で、ボクが創ったんだ。

ヒゲ神様も、タカシも、ローラもボクなんだよ。

ヒゲ神様が最初に言ったのは、分離して個別に見えるものは錯覚で、同じことが「私」にも言えると言ったんだ。ただ切れ目ない全体があるだけだと。

確かにそれは真実なんだ。タカシやローラが見ている世界は、実は色のついた点々の集まりで、それでしかないんだ。その点々が、人に見えたり山や川に見えたりしているだけなんだよ。その視点で見ると、タカシもローラもいなくて、ただ色のついた点々があるだけなんだ。

ところが、ボクは、VRゲームの世界を、人や山、川、そして魂があって、転生輪廻するストーリーで創り上げたんだ。だからそれも真実なんだよ。ローラやタカシもちゃんとリアルにこの世界ではいるんだよ。

ローラ：それを聞いて安心したわ、私はリアルにいるし、魂もあるのね。

タカシ：そうだったんだ。視点の問題だったんだね。スピリチュアルなティーチャーの言っていることも、ノンデュアリティのティーチャーが伝えていることも、どちらも真実を言っていたんだね。

頑張らなくても楽に実現する時代へ入る

ボク：今日のお話は、頑張って達成する時代が終わりを告げて、これからは物事が楽に実現する時代に入っていくという内容だよ。

今まで、地球人類は目標を立てて、頑張ってそれを達成する喜びを味わってきたんだ。地道な努力と練習をして、目標を達成することが奨励されてきたね。

学校では、一生懸命勉強し、いい大学、いい会社に行くことが幸せの道と教えられて育ってきたでしょ。

オリンピック選手が激しいトレーニングの結果、金メダルをとり、国民栄誉賞を授与され、褒めたたえられたことがその象徴なんだよ。

でも、**進化した星では、頑張らなくても、実現するのは当たり前なんだ。**

あなたが夢を描けるということは、すでにそのことが実現している世界があるから想像することができるんだ。

というか、実現した3D立体フィルムはすでに銀河間サーバーにあるんだよ。

Dを達成するには、A、B、C、Dというプロセスをたどらなくてもいいんだ。

今までのステージでは、そのプロセスを楽しんできたんだけどね。

ローラ：え！　ということは、アメリカでトップシンガーになるという私の夢の世界は、もうすでにあるってこと？

タカシ：僕の夢――地球に恒久平和が訪れて、国境のない世界が実現するという夢も、すでにあるということなんだ。

ボク：そういうこと。ローラの夢の世界も、タカシの夢が実現した世界もすでにあるんだ。

世界という言葉を使ったけど、そういうパラレルワールドがすでにあるとも言えるね。ローラやタカシが抱えている制限を全部取り払うことができたら、次の瞬間、そのパラレルワールドに移行することも可能なんだよ。

ヒゲ神：わしは、お前たちの夢が実現した世界を見てきたぞ。

それを今から見せてやろう。

ローラ：すごい！　多くの人が私の歌を聞いて、熱狂してくれているわ。私は豪邸に住んでいて、自家用ジェットで世界中に歌を歌いに行っているの。ああ、なんて幸せなんでしょう。

タカシ：もう、死んでもいいよ。世界中の人が、すべての国境が解放され、恒久平和が実現したと言って大喜びしているよ。それがテレビで生中継されているんだ。ロンドン、パリ、ニューヨーク、東京、北京、ニューデリー、エジプトやアフリカ、中東の国々、特にパレスチナの人々の喜びはすごいよ。シリアやイラクの人たちも大喜びだ。

世界中のテレビ局が、世界各地のお祝いの様子を24時間生中継している。北朝鮮や韓国の人たちも大喜びしているよ。

テレビがすごいシーンを今、映し出しているんだ。世界各地にUFOが現れて、宇宙人が各国の大統領や首相、国王と会って握手している。

あ！　進化した宇宙の兄弟の申し出に、地球人類の代表が署名しているシーンが映っている。地球も銀河連盟の一員となると発表しているんだ。いろんな星から宇宙人がきて、地球を祝福しているよ。

とうとう我々の一員になったって、進化した宇宙の兄弟たちも大喜びしているんだ。

どうも、今日は、銀河全体がお祭りしているみたいだ。超銀河間サーバーネットワークが地球のインターネットとつながって、すごいことになっているよ。もうこれ以上は言語化できないよ。今の地球の言語では伝えられない、すばらしいことが起きているんだ。

ローラ：何だか、タカシの話を聞いているだけで涙があふれてくるわ。そんな未来が待っているのね。

ヒゲ神：どうじゃ、わしの超能力でお前たちの夢を見せてあげたが、びっくりしたじゃろ。それがお前たち次第で実現できるんじゃ。

ローラ：本当に私の夢、実現できるのね。

タカシ：僕の夢はでかすぎて、友達に話すのも、はずかしかったんだ。でも、本当に実現できるとわかって、安心したよ。これからはみんなに、それが可能だと伝えていく勇気がもらえたよ。ありがとう、ヒゲ神様。

ボク：みんなが感動している時にこんなことを言うのは野暮だけど、ちょっと伝えておくね。今見たそれぞれのシーンもボクが創ったんだ。感動的だったでしょ。

宇宙人がUFOで移動できる理由

タカシ：昔、不思議な体験をしたんだ。深夜寝ていると、突然、カーテンがゆれる感覚があったんだ。不思議に思ってカーテンを開けると、宇宙人がいて、びっくりして目覚めたんだ。それは夢だったんだね。

ところが実際にカーテンを開けると、UFOが3機、夜空に浮かんでいるのが見えたんだ。本当にUFOかと思って見ていたら、飛行機ではありえない飛び方をしていた。直角に曲がったり、突然消えて別の空間に現れたり。やはりこれはUFOだと確信したね。

その当時、僕はチャネリングの練習をしていて、そのやり方で会話ができるかと思いトライしてみたんだ。

すると、1機のUFOに搭乗する一人の宇宙人とコンタクトがとれて、いろいろ質問することができた。

彼らは、地球の磁場調整のために活動していて、普通は肉眼では見えないようにしているんだって。でも、今日はUFOの波動を下げて、肉眼でも見えるようにしたという話だったんだ。

僕は何とかUFOに乗せてもらいたくて、その宇宙人に頼んだ。

でも、答えはNOだった。宇宙人の話によると、UFOは振動数が高く、僕の肉体の周波数では低すぎて乗れないとのことだった。

ヒゲ神様に質問があるんだけど、この出来事は何だったんだろう？
本当に僕はＵＦＯに乗っている宇宙人と会話できたのかな？
振り返ってみると夢のような気もして、わからないんだ。

ヒゲ神：そういうことは、よくある話じゃ。なぜ、わしが空中に浮いていられると思う？

タカシ：わかんないよ。もしかして、ＵＦＯが宙に浮くのと同じ原理を使っているのかな？

ヒゲ神：その通り。わしが宙に浮かんでいられるのは、重力に逆らっているわけではなく、もともと重力なんてものはないとわかっているからなんじゃ。

タカシ：重力がない？　えー、ないんですか？
だって、ニュートンが万有引力の法則を発見したのは常識でしょ。中学生でも知っているよ。今、僕が持っているペンだって下に落ちるよ。

ヒゲ神：わしが言っているのは、根本的な真理からの視点での話じゃ。ボクさんが何度も言っている通り、この世界は幻想で、実際はないんじゃ。なぜタカシが空を飛べないかというと、心の深いところで飛べないと深く信じているからなんじゃ。その思い込みをとっぱらえば、飛べる。インドの聖者の写真で空中に浮き上がった写真を見たことがあるじゃろ。

タカシ：見たことはあるけど、イカサマ写真だと思っていたよ。思い込みをなくしたら、僕も空を飛べるのかな？　飛べたら楽しいだろうな。

ヒゲ神：話は戻るが、ＵＦＯの原理も同じなんじゃ。

世界は幻想で、本質は空なんじゃ。

ＵＦＯに乗った宇宙人は、自分自身の周波数を上げて、物理的距離があるとか空を飛べないとかいう信念を中和させ、ＵＦＯの周波数と同調するんじゃ。すると、瞬間移動もできるし、惑星間の飛行や銀河間の移動も可能になる。原理は簡単じゃろ。

タカシ：そうだったんだ。でも、なぜ宇宙人はＵＦＯを使う必要があるの？
信念を自分でなくせば、ＵＦＯを使わなくても瞬間移動が可能になるんじゃないかな？

ヒゲ神：いい質問じゃな。信念の思い込みレベルには段階があって、進化した周波数の高い宇宙人でも、思い込みがないわけではないんじゃ。
普通は、自分は飛べないし、重力はあると思っている。その信念は、銀河に住む人たち（宇宙人たち）の集合意識にしっかり入っている。その信念を中和させるためにＵＦＯを使い、惑星や恒星を旅するんじゃよ。

タカシ：そうだったんだ。よくわかったよ。信念の思い込みレベルには段階があるんだね。地球人でも瞬間移動ができるという人がいるけど、そういう人は、その思い込みがはずせた人たちなんだね。

ヒゲ神：その通りじゃ。わしもその一人じゃがな。

タカシ：納得だよ。ありがとう、ヒゲ神様。

第3章 あなたは唯一無二の存在

陰と陽の体験

タカシ：ヒゲ神様に質問があるんですけど。

ヒゲ神：なんじゃ？

タカシ：世の中のイケメンたちに腹が立つんです。

ヒゲ神：なんで、イケメンに腹が立つんだ？

タカシ：女にもてまくって、やりまくっているから。何の努力もしないで。

ヒゲ神：それは、ちょっと違うな。

彼らも、女性にもてようとファッションや美容に気をつかっているよ。

タカシ：それはわかるけど、もともとの素材が違いすぎるよ。

ヒゲ神：その違いがなければ、世界は成り立たないんじゃ。男がいて、女がいるから、恋愛や結婚の経験ができる。汚いがあるから綺麗が認識できる。ブスがいるから美女が認識できるんじゃよ。

タカシ：それはわかるけど、なんで僕はもてないんだ。そもそも、僕をもてないように設計したバカ神に腹が立つんだよ。

イケメンはすぐにかわいい子といいことできるのに、僕は高いお金を払って、その行為をしなければならない。そんなふうに設計したバカ神に腹を立てているんだよ。

ヒゲ神：それには深い理由がある。

タカシ：それは何なんだー！

ボク：ちょっと、バカ神、バカ神ってボクのことを連呼されると、ガクンとくるんだけど。

そのバカ神のボクが説明しようと思って出てきたんだけど、ここはロータスちゃんに説明してもらったほうが、タカシにはいいかもしれないね。

ロータス：あー、もー、そういう男だからタカシはもてないんだわ。

私がちゃんと説明してあげるわね。

タカシ：何なんだ、お前は。初対面でいきなり、上から目線で。

ヒゲ神：まあまあ、そう言わずに、ロータスちゃんの話を聞け。

ロータスは過去に壮絶な蛇の道を生き、欲のかたまりの男たちを愛で包み込んだ覚醒美女

タカシ：ヒゲ神様がそうおっしゃるのなら、話だけは聞きますよ。

ロータス：はい、それでよろしい。

タカシは、もてすぎる大変さを知らなすぎる。

タカシ：もてすぎる大変さ？　何なのそれ？

ロータス：1週間に何度も嫌な男に告白されて、それを傷つけないように断る気持ちわからないでしょ？　あげくの果てには、ストーカーに付きまとわれ、命の危険を感じたこともあったわ。

確かにイケメンとすぐに付き合える特権もあったけど、イケメンはもてるから、すぐにこっちが捨てられる危険もあるのよ。だからキープするのが大変なの。その大変さ、わからないでしょ？

タカシ：もてすぎる人も、いろいろ大変なことがあるんだね。そんなこと考えもしなかったよ。

ロータス：若い頃、嫌な男を抱かなきゃいけない場所に転落してしまったの。お金のためにね。

お金を稼いで、そこから抜けた時、ものすごい後悔に襲われたわ。家族を助けるためのお金だったけど、体を汚すことになってしまった罪悪感に苦しんだの。

とにかく家族を助けるために、いろんな仕事をしたわ。

ある時、すべての仕事にいい悪いはないと気がついたの。どんな仕事も楽しくできることにも気がついたわ。

タカシ：そんな壮絶な過去があったんだね。あんな言い方して、ごめんなさい。

ロータス：タカシの問題点を教えてあげる。

もてないありがたさを感謝していないことよ。

タカシ：ガーン！
もてないありがたさに感謝する。どういうこっちゃ？
ロータス：もてないということは、一人の時間がたくさん持てて、ストーカーに付きまとわれることもなく、静かに暮らせるということよ。
それに感謝したことある？
タカシ：一人で寂しいと思ったことはあるけど、一人の時間がたくさん持ててありがたいという発想はなかったね。
確かに嫌いな女性が何人も押しかけてきてストーカーされる経験があったら、一人の時間が持てた時に感謝の気持ちが起こるかもしれないね。
ヒゲ神：タカシは以前、もてまくって嫌な人生を送ったことがあるんじゃ。その時、「もうもてまくるのはこりごりだ、生まれ変わったら、もてない男になりたい」

と神に願ったんだ。それで今の人生があるんじゃよ。

タカシ：え！　僕がもてないように神様に願ったの？　そんなバカな。

ヒゲ神：それが真相なんじゃ。美女の人生を生きた人間は、それにこりごりして、ブスに生まれたいと願い、ブスに生まれた人は今度は美女がいいと言い、それを何度も繰り返すと、どちらでもいいとなるんじゃ。

また、お金持ちに生まれた人間は、お金なんかないほうが幸せだと言って貧乏人に生まれ変わり、貧乏人での人生でさんざん苦労して、今度はお金持ちに生まれたいと望み、それを繰り返すと、どちらでもいいとなる。

陰と陽の人生を繰り返すと、まるくなって、それぞれの体験が完結するようになっているんじゃ。

タカシ：そういうことだったんだ。**僕の人生は僕が願った結果だったんだね。**

なぜ、あなたがいないと世界が消滅するのか

ボク：タカシやローラ、ロータス、そして今、この本を読んでいるあなたがいなければ、ボクは何もできないんだよ。だから君たちが神様とも言えるんだ。もう一度言うね。

あなたは世界の最先端で、
あなたがいなければ、宇宙はないのと同じなんだ。

タカシ：ボクちゃん、何を言いだすんだ、いきなり。「あなた（ボク）はこの世界の創造主&プレイヤーで、あなた（ボク）がいなければこの世界は成り立たない」っていうのはわかるけど、僕（タカシ）がいなかっ

たら 世界はないってどういうこと？

ローラ：そうよ、タカシの言う通りよ。

私が死んでいなくなったって、タカシたちはいるし、世界は存続するでしょう？

意味がわからないわ？

ヒゲ神：ボクさんの言いたいことは、そういうことではないんだ。

いくらボクさんがこの世界の創造主ですべてを操るプレイヤーだとしても、タカシやローラ、ＶＲゲーム世界のキャラクターたちが存在しなかったら、ボクさんは何もできないという意味なんだ。

この世界を動きまわる人（キャラクター）がいなかったら、ゲームの目的も遂行できないし、ゲームを遊ぶことは不可能なんじゃ。

だから、この世界の住人である、今、この本を読んでいるあなた！

あなたは世界の最先端で、あなたがいなかったら神様だって何もすることができないんじゃ。

それだけ、あなたは唯一無二の貴重な存在なんじゃ！

だから、今が苦しいからといって間違っても自殺などするもんでないぞ！

あなたがいなかったら世界は消滅してしまうんじゃから。

ローラ：ヒゲ神様、最後のところがわかんないわ。私たちが世界で唯一無二の存在で、神と等しい価値があるというのはわかるけど、私がいなかったら世界が消滅してしまうってどういうこと？

ヒゲ神：もう一度、前の話を思い出してみるとよいぞ。

「みんなに1つの宇宙があるよ」

この話で言ったように、確かにボクさんがこのVRゲーム世界のキャラクターを操作しているんだけど、このゲームをスタートする時に多重人格機能が働き、キャラクターの意識の人格が現れるんじゃ。

つまりその時、ボクさんの記憶は失われ、ゲーム世界のキャラクターそのものになる。一人の人としてこの世界を生きることになるんじゃ。それがタカシであり、ローラやロータス、そしてこの本を読んでいるあなたでもあるんじゃ。

もう一度、23ページの絵を見ておくれ。

世界に4人しかいないとしよう。一番上の女性がローラとするぞ。

ローラがいなくなったら、ローラが見ている宇宙は消滅してしまうんじゃ。実はローラが熟睡している時も、ローラ中心の宇宙は消滅する。理由は、その宇宙を開いている必要がないからなんじゃ。

つまり、ローラが自殺してしまうと、もうローラ中心の宇宙は閉じてしまって、それ以降のゲームを展開できなくなってしまう。当然、その宇宙で生きていた地球人類約70億人も消滅するんじゃ。

ローラ：え！　私が死んだら、みんな消滅してしまうの？　それ、困るわ、私の責任でこの宇宙が消滅してしまうなんて。

ヒゲ神：だから、ローラは宇宙で唯一無二の存在で、ローラがいなくなったら、宇宙も消滅してしまうんじゃ。

だけど、ローラちゃん、安心しておくれ。ローラがいなくなっても、別の宇宙は存在して、ゲームは進行することはできるのじゃから。

ローラ：そういうことだったのね、安心したわ。私中心の宇宙は消滅するけど、宇宙はたくさんあるのね。

だったら、私はいなくなってもいいわ。もう人生、生きるの疲れてきたから。

ボク：何言っているんだ、ローラちゃん。ボクはローラというキャラクターを愛情こめて、何年もかけて創造したんだよ。そして、ローラ中心の宇宙がなくなったら、もうボクはその宇宙での体験をできなくなってしまうんだ。それは唯一無二の宇宙で、そこでの体験はとてつもなく貴重なものなんだよ。

ローラ：ボクさん、そんなに愛情こめて私を創造してくれたのね。知らなかったわ。人生やめると言ってごめんなさい。辛くても、自分から人生を降りることはしないわ。
自分のこの人生は一度きりで、トライしてみる価値はあると、今はっきりわかったわ。

ヒゲ神：よかった、よかった。
ローラが改心して、これでわしの役割も1つ果たせたということじゃ。

宇宙の基準はあなた

ボク：宇宙に「いい、悪い」「正しい、間違い」の絶対的判断基準がないの、知ってる？

ローラ：宇宙のどこかに究極の真理が存在していると思うわ。私はそれを見つけたいの。それを基準に生きることができたら幸せになれると思うから。

タカシ：僕はソレを知ってるよ。
　知ってるけど一瞥体験のないローラに説明するのは、不可能だね。

ローラ：何よ！　タカシはいつも体験のない私を見下すのね。
　ある覚者が言っていたわ、「一瞥体験なんか、お茶を飲む体験と変わらない。だから、体験者はおごることなかれ！」ってね。

ヒゲ神：ローラの言う通りじゃ。タカシは自分がわかっていることを鼻にかけて、非体験者を見下しておるな。それをスピリチュアルエゴと言うんじゃ。

タカシ：え！　僕はそんなつもりで言ったわけではないんだけど。ただ、体験していない人に説明するのは難しいと言っただけだよ。

ヒゲ神：確かにそうじゃが、不可能ではないんじゃ。
今からローラにわかりやすく説明してやるとしようか。

ローラ：わぁ、さすがヒゲ神様、タカシと違って愛があるわ。

ヒゲ神：実は、宇宙に究極の真理はないんじゃ。
それは、

ローラ：え！　私の心の中にあるの？　どういうこと？

ヒゲ神：例えば、ローラは心の中で人を殺すことは悪だと思っているとしよう。人を殺すことは悪いことで、殺さないことが正しいことだと思っているよね？

ローラ：それ、常識でしょ。小学生でも知っていることよ。

ヒゲ神：では、ローラちゃん、それを人類全員がわかっていたら、戦争なんか起こらないんじゃないかな？

ローラ：それは、悪いとわかっていても、地球には悪人がたくさんいて、例えばテロリストや闇の武器商人とかが悪さをするのよ。それで、善人を守るため、戦うの。攻撃されたら、愛する人を守るのは当然でしょ。

ヒゲ神：ということは、人を殺す行為でさえ、時と場合によっては正しいことになるんじゃな？

ローラ：確かに言われてみれば、そういうことになるわ。人を殺すことは基本的には悪いことだけど、正当防衛などの場合はしょうがないことよね。

ヒゲ神：では、ローラちゃん、どこからが正しくて、どこまでが悪いことだと、誰が決めているんじゃ？

ローラ：それは、偉い人たちよ。政治家や法律家、偉い大学の先生たちだわ。
あっ、わかった、神様が決めているんだわ。

ボク：ボクは何も決めてないよ。

ヒゲ神：ボクさんが言うように、神様が決めているわけでも、偉い人が決めているわけでもないんじゃ。

それは、

あなたが決めていることなんじゃ。

宇宙の誰も、それを決めているわけじゃないんじゃ。

ローラ：え！　私が決めていたの？　そんなバカな。

ヒゲ神：例えば、誰かが「ローラ、お前は男だ」と言ったとしよう。ローラはそれを信じるかな？

ローラ：信じるわけないでしょ。だって私は女だから、誰でも見ればわかるわ。

ヒゲ神：ローラが当たり前だと思っていることを誰かに違うと言われても、耳を貸さないだろ？　ローラが当たり前と思っていることが「正しいか間違っているか」の基準となっているからなんじゃ。

ローラ：そうだったのね。私が心の深いところで「これは正しい、これは間違っている」ってハンコを押していたんだわ。それが自分にとって当たり前なので、他の人も全員、そう思っていると信じていたのよ。今まで全然気がつかなかったわ。

ヒゲ神：ローラも、ようやく腑に落ちたみたいだな。よかった、よかった。

タカシ：さすが、ヒゲ神様、説明がうまい。僕もそんなふうに説明できたらいいのに。そうすれば、ローラとも仲良くできるのに。

ローラ：あら、タカシは私と仲良くしたかったの？　もっと優しくしてくれたら、仲良くしてもいいわ。

ヒゲ神：やれやれ、二人の喧嘩も収まったみたいじゃな。わしの出番もここまでじゃな。

タカシ：ちょっと待って、ヒゲ神様に聞きたいことはたくさんあるから、まだ消えないでね。

タカシの将来は幸せな大富豪？

タカシ：僕はいつも、不思議な感覚になるんだ。将来、とてつもない金持ちになる感覚があるんだ。
それを家族に言うと、「そんなことがあるわけないでしょ」と笑われ続けてきた。だけど、その感覚はなくならないんです。
ヒゲ神様、なぜ僕にこんな感覚がいつもくるのでしょうか？

ヒゲ神：将来、本当にタカシがそうなるからじゃ。

タカシ：えー、僕は大金持ちになるの？

ローラ：何それ！　ただのコンピューターおたくのタカシが大金持ちになるの？　将来、株で大儲けでもするのかな？

タカシ：僕は株なんてしないよ。それに大金持ちになる方法も、まったく浮かばないんだ。ただ地球を救いたいという思いだけはあるけどね。

ローラ：私がお金持ちになるのはわかるけど、将来、お金持ちになるビジョンもないタカシにそんな幸運が訪れるのって、なんだか不公平だわ。

ヒゲ神：タカシ、もう少し、その感覚がどんなものなのか、教えてくれないか。

タカシ：それは、ちょっと不思議なんです。億万長者というより、総資産が兆を超えているみたいなんです。正直言うと、兆という桁におさまらない資産なんです。

ローラ：世界で一番のお金持ちでも、総資産数兆円と言われているのよ。タカシが兆の桁を超える？　頭おかしいんじゃないの⁉

タカシ：何だよ、僕はヒゲ神様と話しているのに、横から割り込んできて。お前に、頭がおかしいと言われる筋合いはないよ。

ローラ：だって、タカシがあまりにも非常識なことを言うからよ。そんなお金持ちになれるわけないでしょ。

ヒゲ神：まあまあ、二人とも喧嘩するのはやめて、わしの話をよく聞くのじゃ。タカシのその感覚は間違っていないんじゃ。

ヒゲ神：タカシは、将来、1アース所有するのじゃ。兆の桁どころではないじゃろ。

ローラ：何それ！　地球まるごとタカシのものになるの？　そんなの嫌よ、タカシの奴隷になるなんて。えーん！

タカシ：地球まるごと、僕のものになる？　え！　ちょっと想像したこともなかったよ。

ヒゲ神：正確に言うと、1ユニバースなんじゃ。

タカシ：宇宙まるごと、僕のものになるの？　考えてみたこともないよ。

ローラ：もう、わけがわからなくなったわ。宇宙が全部タカシのものになるなんて。

ヒゲ神：一人に1つの宇宙があるという話を聞いたことがあるじゃろ。タカシ中心の宇宙が1つあるように、ローラ中心の宇宙があるのじゃ。だから、タカシは将来、それが腹の底から腑に落ちて1ユニバース所有することになるんじゃ。

ローラ：なんだ、そういうことだったのね。納得だわ。

タカシ：それはそうかもしれないけど、何だか納得できないよ。僕は本当に大金持ちになる感覚があるんだけど。

ヒゲ神：もう一度、話を元に戻すと、タカシは将来、物理的にも1アース所有することになるんじゃ。

ローラ：え！　物理的にもタカシが地球をまるごと所有するの？　そんなにタカシは偉い人になるの？

ヒゲ神：偉い人になるというか、地球の所有の概念が変化するんじゃ。
今までは少数の人が金持ちになり、大多数の人が金持ちでないのが地球の姿だった。それが、全員が地球まるごと所有するようになるんじゃ。人類の意識は愛がベースになり、恒久平和が訪れるんじゃ。人々は好きな仕事をして、そこから生み出されたものは喜んで社会に還元するようになるんじゃ。地球上の国境はなくなり、人々は好きな時に、好きな場所に行けるようになるんじゃ。

宿を提供したい人は、旅人を喜んでもてなす。そんなふうになるので、貨幣制度もいらなくなる。お金のない世界を実現させた中心人物がタカシなんじゃ。タカシはその象徴的存在となり、多くの人から「タカシは地球そのものの所有者だ」と言われるようになったんじゃ。

それを言われた時の未来の感覚がタカシに来ていた、というわけじゃ。

タカシ：そういうことだったんだね。今までさっぱりわかんなかったけど、これで納得しました。ありがとう、ヒゲ神様。

ところで、その未来は決まっているのですか？

ヒゲ神：未来のシナリオは、無数にあるんじゃ。その未来に移行するには、タカシ（あなた）の選択にかかっている。
タカシが勇気をもって、その実現に邁進すれば、その未来が訪れるということじゃ。

タカシ：なんだ、決まっているわけじゃないんだね。ちょっとがっかりだけど、その実現に向けてトライし続けるよ。未来が完全に決まっていたら、面白くないからね。

死んだらどうなる？

ローラ：最近、死んだらどうなるのかが気になってしょうがないわ。
私が成功してお金持ちになっても、その財産は死後の世界には持っていけないわね。持っていける方法ってないわね。

タカシ：何をバカなこと言っているんだ、ローラは。そんなの当たり前だろ。

ヒゲ神：まあ、まあ、ローラの悩みは多くの人が考えることじゃ。

タカシは死んだらどうなると思っているんじゃ？

タカシ：昔は、死んだら霊界に行き、転生輪廻を繰り返して永遠に生き続けると思っていたんだ。ところが、一瞥体験後、もともとの僕は、空《くう》であり無とわかったんだ。それ以来、肉体が滅んだ後は無に帰るのが自然だと思うようになった。実際に、悟りを伝える有名なメッセンジャーたちも、肉体が滅んだ後は光（全体）に還るだけだと言っているからね。

ローラ：何言っているのよ。霊界は実際にあるのよ。私のスピリチュアルティーチャーは、死んだ霊とも交信できるし、霊界のいろんな場所を訪れたと言っていたわ。ヘミシンクとかいうやつで簡単に霊界に行けるみたいよ。

タカシ：僕もヘミシンクで、幽体離脱のような体験をしたこともあるんだ。ヘミシンクをやっている仲間たちの間では、非物質世界に行くのは当たり前で、霊界の存在は疑いのない事実なんだ。

しかし、ノンデュアリティのティーチャーたちは、もともと個が分離しているのが幻想であって、個別の魂があるというのも幻想だと言っている。僕も個別の「私」はなく全体しかないという一瞥体験をしたので、それに反論できなくなってしまった。

ヒゲ神様、いったいどう理解すればいいのでしょうか？

ヒゲ神：ローラの言っていることも、ノンデュアリティのティーチャーたちが言っていることも、どちらも正しいのじゃ。

ローラ：え！「霊界があるとない」「魂があるとない」、どちらも正しいってどういうこと？　私にわかりやすく説明してよ、ヒゲ神様。

タカシ：ローラの言う通りだよ。どちらも正しいなんてことが、あるわけないでしょ？　ヒゲ神様、どうかしてしまったのかな？

ヒゲ神：タカシが一瞥体験したことやノンデュアリティのティーチャーたちが言っていることは、こういうことなんじゃ。

この世界は幻想であり、たった一人のプレイヤー（ボク）しかいないということを表しているんじゃ。

キャラクターが肉体の死を迎えたら、その世界から消滅するのは当たり前のことなんじゃ。ゲーム世界での役割を終えたので、出現する必要はないのじゃ。

一方、ローラのスピリチュアルティーチャーが言っている非物質の世界の話も、本当のことなんじゃ。本当というより、そういう設定にしてあるのじゃ。

人は死んだら死後の世界に行き、しばらくたつと次の人生設計(ブループリント)を作って生まれてくるのじゃ。

前世の記憶を思い出した子供たちがたくさんいるのも、このVRゲーム世界では転生輪廻の仕組みがあるから当然のことなんじゃ。

それゆえ、VRゲームの世界(現実世界)では、それは真実と言ってもいいのじゃ。

ボク:ここからはボクが解説するね。ボクは現実世界以外に、天使の世界、妖精の世界、欧米の神々の世界、日本の神々の世界、妖怪の世界など、たくさんの世界を創ったんだ。進化した星の世界もそうなんだ。それと同様、死後の世界も同じなんだよ。それらの世界と交信できる人がいても不思議はないんだ。

だから、**あなたが想像できる世界は、すべて実在するともいえるんだ。**

だって、3次元の現実世界と同じように、ボクがそれらの世界を創ったんだから。

ローラ：そうだったのね、ホッとしたわ。死んだらなくなってしまわないで、ちゃんと天国はあるのね。天使の世界にも行ってみたいわ。

タカシ：ヒゲ神様の説明と、ボクちゃんの解説で納得したんだけど、わからないことがまだあるんだ。

ヒゲ神：それは、何じゃ？

タカシ：ヒゲ神様は、ゲームの設定上、そのキャラクターが肉体の死を迎えたら、この世界から消滅すると言っていたけど、ローラが死んでも消滅するわけではないのかな？

ローラ：縁起の悪いことを言わないでよ。せっかく天国に行けると思って安心したのに。

ヒゲ神：それはこういうことなんじゃ。キャラクターの信念体系によって、その先のストーリーが決まるんじゃ。

無に帰ると信じている人は、無に帰するんじゃ。これがＶＲゲームの基本設定じゃ。

それ以外の設定もあって、それはこんな感じじゃ。


死んだら三途の川をわたって死後の世界に行く、と深く信じている人は、そのストーリーを生きることになるんじゃ。

キリスト教の死後の世界観を深く信じている人で、必ず天国に行けると確信している人は、キリスト教徒がイメージしている天国に行く。

反対に、キリスト教徒で地獄に行くと信じている人は地獄に行く。

これらのパターンは国や地域、宗教などによって、無数にあるのじゃ。

実際にＶＲゲーム世界に死んだキャラクターが現れるのは、生きているキャラクターを通してじゃ。

例えば、生きているキャラクターがヘミシンクなどを通して非物質世界に行き、死後の世界のキャラクターと会うと、死者がこのVRゲーム世界に映し出されて、確かにあの死んだ人は霊界で生きていたということになるのじゃ。

前世の記憶を持つ子供の話や、過去生リーディングができるチャネラーなどの話は、その子供やチャネラーの心の中のイメージとして、その世界がありありと映し出されることとなる。

その結果を見て、**死後の世界が実在するといっても問題ないのじゃ。なぜなら、この現実世界も、死後の世界と同様、幻想だからなんじゃ。**

タカシ：さすが、ヒゲ神様、納得しました。すばらしい解説ありがとう。

3次元世界で最高の体験

ボク：「地球に降りた人々の隠された目的」のところで話したけど、ちょっと補足する必要が出てきたので、それについて今日はお話しするね。

ボク：3次元世界での最高の体験は、**自立した男女が真実の愛をベースにした肉体の結合**ということは以前に書いたけど、これではどんな体験なのかピンとこないと思うから、体験者に登場してもらうね。タカシ、話してみてくれるか？

タカシ：はぁ？　そんな体験したことないよ。いきなりふられても、困るよ。

ヒゲ神：タカシは未来にそのすばらしい体験をするんじゃ。すでに未来の記憶がタカシに舞い込んできたと思うが。

タカシ：ヒゲ神様、確かに変な夢を見たことはあるよ。

その夢は、僕が死んで肉体から離れた時に見たビジョンなんだ。最後の日のリアルな出来事と、過去に何人かの愛し合った女性が走馬灯のように浮かんで、その時の風景が見えたんだ。

どのように愛し合ったかも、なぜかわかったんだ。

未来の僕はもてたみたいなんだ。不思議な夢だったよ。

ヒゲ神：そうじゃろ。それは夢ではないんじゃ、未来の記憶なんじゃよ。タカシは3次元の肉体が体験できる最高の経験を思い出したんじゃ。それを具体的に説明することも可能なんじゃ。

タカシ：そんなこと言われても、まだ体験していないことを説明しろと言われても無理があるよ。

ロータス：私が説明してあげるわ。タカシはウブだから、説明するのは難しいかもね。私は男性経験豊富だから、説明するのは簡単よ。

ローラ：ロータスちゃん、自分の男性経験を自慢したくて、しゃしゃり出てきたでしょう。そんなの聞きたくないわ。

それに、ヒゲ神様が言っているのは、真実の愛をベースにしたSEXのことを言っているのよ。あなたがしたのは、性欲だけのエッチでしょ。

ロータス：失礼ね。確かにイケメンが誘ってきて、その夜、エッチしたこともあったわよ。でも、ほとんどが、お互い愛し合ってしたエッチだったわ。その時のことを話そうと思ったのよ。

タカシ：ロータスちゃん、その時のことを話してくれるかな？

ロータス：そうね。一番すばらしい体験をしたのは、フランス人の彼の時だったわ。彼を好きで好きでたまらなくて、毎晩、彼が夢に出てくるぐらい好きだったわ。彼も私と同じくらい愛してくれていて、彼はフランスでの仕事をやめて、私に会いに日本に来てくれたわ。

ある日のデートの夜、お互い燃え上がったわ。愛のエネルギーが私と彼の間で循環して肉体がとけたように感じたの。1つになるってこんなことかと思ったわ。性的エクスタシーも今までのエッチとはくらべものにならないくらいすごかったの。彼と私の昇天が同時に起こったの。奇跡の体験だったわ。

タカシ：そんなすごいSEXがあるんだね。うらやましいよ。だけど、僕が夢で見たビジョンは、そんなものではなかったんだ。

ロータス：何よ。人が話してあげたら、そんなものではないとは。

タカシ：ごめんよ、ロータスちゃん。怒らせるつもりで言ったんじゃないんだよ。僕はロータスちゃんが体験したことは経験していないけど、なぜかわかるんだ。真実の愛をベースにしたSEXは、それではないということが。

ヒゲ神：ロータスちゃん、タカシの言っていることは本当なんじゃ。ロータスちゃんが経験したことは、今までの地球では最高の体験だったのじゃ。しかし、未来の地球で体験できることは、それの1万倍ぐらいすごい体験なんじゃ。

ロータス：え！　私が体験したエッチの1万倍⁉　そんなすごいエネルギーだったら、肉体が本当にとけてなくなっちゃうわ。

タカシ：ヒゲ神様が言うように、確かに1万倍ぐらいすばらしい体験だったと、今、夢を思い出して感じるんだ。あ⁉　今、その感覚を思い出した。ちょっと説明してみるね。

ローラ：何だかわからないけど、タカシ、説明してみて。私も興味があるから。

タカシ：それは、こういう感じなんだ。

愛し合った男女が、お互いに見つめ合っているんだ。それぞれのハートが開かれて、今ここの永遠の平安を感じているんだ。

そこは、私たちの故郷で、愛そのものの世界ともいえる場所なんだ。それだけで、肉体を結合する必要もないぐらい、お互い満たされている。

しばらくすると、自然と甘いキスをして、お互いを神聖な神の体として触れ合うんだ。

だんだん、エクスタシーも高まってきて、真実の愛の循環が始まる。その愛のエネルギーは開かれていて、相手を独占するエネルギーは含まれていない。

今ここの永遠の愛と男女が交換する開かれた愛のエネルギー、それがクロスするんだ。

その時、地球上で覚者や聖者だけが垣間見たことのある、神聖で荘厳な何かが二人に開かれるんだ。

二人の肉体はとけ合い、完全に1つになり、同時に開かれた愛のエネルギーが地球を包み込む。地球上のすべての人がそのエネルギーを感じることもできるようになる。それを感じた人は幸福感に包まれ、すべてのものを祝福せずにはいられなくなるすばらしいエネルギーなんだ。

つまり、**真実の愛をベースにした肉体の結合は、二人だけでなく地球上のすべての人を幸せにする体験なんだ。**

ローラ：そんなSEXがあるのね、すばらしいわ。

ロータス：悔しいけど、負けを認めるわ。私が体験したものは、それではなかったわ。

でも、そんなエッチが将来、私にもできるかもしれないのね。

ヒゲ神：そうなんじゃ。タカシが説明してくれた体験は、恋愛感情がなくても、真実の愛をベースにしたパートナー間であれば可能なんじゃ。

恋愛感情は一時的だが、真実の愛は永遠なんじゃ。

タカシ：そうだったんだね。この体験は、恋愛感情とは関係ないと感じていたんだけど、これで納得したよ。ありがとう、ヒゲ神様。

どうやったら悟れるの？

ローラ：最近、生きている意味がわからなくて、人生がしんどいの。

ヒゲ神様、どうしたら悟れるの？　悟って私も楽になりたいわ。

タカシ：ローラちゃん、なんで急にそんなこと言いだすんだ、若いのに。僕は10数年、悟りの探求をして、わかったことがあるんだ。

ローラ：タカシ、それは何？

タカシ：探求は無駄だってことだよ。

ローラ：10数年も悟りの探求をして、それが無駄だった？

タカシ：そうなんだ、悟りの体験（一瞥体験）をして、それに気がついたんだ。僕は外に、外に、それを求めていたんだ。実は、今ここにいつもソレはあった。求めている心が邪魔をしていたと気がついたんだよ。

ローラ：さっぱりわかんない。わかるようにヒゲ神様、説明してください。

ヒゲ神：ローラちゃん、では、ゆっくり説明するとしよう。
まず、ローラの悩みは、夢を実現しても、その幸福感は一時的でむなしいものだと気がついたのじゃろ。それで悟りを求めるようになったのではないかな？

ローラ：そうなの、確かに夢を追いかけて実現するのは楽しいことよ。
でも、それが実現したところで、幸福感が続くのはひと時で、また次の夢を追いかけることになるわ。それを一生していくのがむなしくなったのよ。
私は永遠の幸福を発見したいの。悟るとそれがわかる気がするわ。

ヒゲ神：悟りの探求者の多くが、そこに気がつき、探求に入るきっかけとなるのじゃ。

ローラ：だから、私は悟りたいの。

なのにタカシが、それは無駄だと言ったのよ。本当にむかつくわ。

タカシ：だって、それは本当のことなんだから。

ヒゲ神：まあまあ、二人とも。喧嘩はそのへんでやめて、わしの話を聞くのじゃ。タカシの言っていることも事実なんじゃ。ただ、それをダイレクトにローラに言っても「？」状態になるだけだ。もっと思いやりの気持ちを持ちなさい。

タカシ：ヒゲ神様、わかりました。

ローラ：え！　タカシの言っていることは事実なの？　ガックリ。では私はどうしたらいいの？

ヒゲ神：タカシの言っていることは事実じゃが、探求も必要なプロセスなんじゃ。だから、大いに求めなさい、そしてあきらめなさい。

ローラ：あー、わかんない。大いに求めなさいと言って、あきらめなさいとはどういうこと？

ヒゲ神：まずは、できることを徹底的にやってみなさいと言っているんじゃ。座禅や瞑想、覚者の動画や本に触れるなど、ローラができる範囲でやればいい。

タカシ：それって、無駄な気がするんだけど。

ヒゲ神：

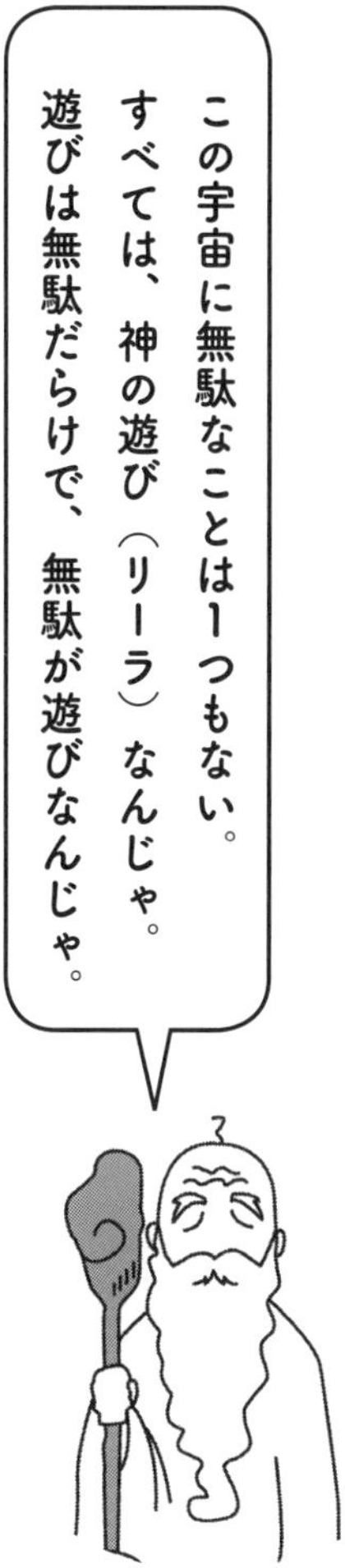
この宇宙に無駄なことは1つもない。
すべては、神の遊び（リーラ）なんじゃ。
遊びは無駄だらけで、無駄が遊びなんじゃ。

タカシ：そういうものなのかな？

ヒゲ神：**やれることをやりつくしたら、絶望が訪れる。**
その時、悟りがおとずれるのじゃ。

ローラ：最後のところはわかんないけど、とにかくヒゲ神様の言うことを信じてやってみるわ。

タカシ：僕は、何だかわかった気がするな。無駄なことをしているようで、無駄ではない。僕の探求のプロセスを振り返って、そんな視点でとらえ直すと無駄ではなかったことに気がついたよ。

ヒゲ神：タカシはわしが言いたいことがわかったみたいじゃな。
ローラはとにかくやってみることじゃ。途中で道につまずいたら、わしにいつでも相談するがよい。道は必ず開けるものじゃ。

ローラ：ヒゲ神様、ありがとう。いつでも相談していいのね、安心したわ。

進化した地球での愛

ロータス：えっへん。これから、性愛講座を開催するわ。

タカシ：待っていました。

ローラ：何それ！　そんなの頼んでいないけど。

ロータス：聞きたい人だけ、聞いてね。

タカシ：僕がロータスちゃんに頼んだんだ。「性と愛」のプロということなので。

ローラ：「性と愛」？　性はわかるけど、愛がプロだとは思わないけど⁉

ロータス：ローラちゃん、聞きたくなかったら退場してね。

ローラ：とりあえず、暇だから聞くわよ。

タカシ：ロータスちゃん、ローラはほっといてスタートしようよ。

ロータス：はい。では、スタートしますね。

まず、性から始めます。タカシさん、「性」と聞いて何をイメージしますか？

タカシ：やっぱり、ＳＥＸかな。一番先にイメージするのは。

ローラ：タカシはエッチね。性別の「性」をイメージするのが普通でしょ。

タカシ：そっちか、言われてみればそうだね。

ロータス：今回は、ＳＭ講座です。

ローラ：え！　そんな講座、この本でしていいの？

タカシ：ちょっとまずいかも⁉

ロータス：大丈夫よ、タカシがイメージしているものとは違うから。

なぜ、ＳＭプレイをすると、人は性的に興奮するのでしょうか？

縛られたり、ムチで打たれたり、ロウソクをたらされたりなどの行為で。

タカシ：それは、特殊な趣味の人もいるからね。

ローラ：匂いフェチだったり、下着フェチ、いろんなフェチがいるので、人の性的趣向は様々だわ。私は痛いの嫌いなので、それを喜ぶ人がいるのが不思議だわ。

ロータス：ローラちゃんは、真正のＭ（マゾ）ね。

ローラ：何を言い出すの⁉　信じられない。

ロータス：だって、結婚したいと言っていたでしょ。今の結婚制度って、縄はないけど、制度に縛られたマゾ女養成制度だわ。

タカシ：どういうことなの、意味がわからないけど？

ロータス：一生、あなただけを愛しますって結婚式の時に誓うでしょ。それってナンセンスよ。人の身体や心は、一瞬、一瞬、変化するの。それが自然の摂理なの。それを結婚制度という檻に自ら進んで入り、そのうえ、家事育児という縄に縛られるのよ。現在の結婚制度はマゾ女養成制度としか呼べないわ。

タカシ：言われてみれば、それも一理あるな。

ローラ：何言ってんの⁉ 私の夢をぶち壊すような理論を打ち立てて、いいかげんにしてよ。

ロータス：進化した星には、そんな縛られた制度はないって聞いてるわ。自由恋愛が当たり前の社会よ。

ローラ：ロータスは、フリーセックス派だったのね。いかがわしい淫乱女の言うことは、社会に通用しないから。

タカシ：そうとは言えないよ。ロータスの指摘は結婚制度の矛盾を正確についていると思うし、ロータスが淫乱だと僕は思わないけど。

ローラ：タカシは、ロータスの色仕掛けにはまったのよ。いつもミニスカートをはいているし。もっと理性的になってよ。

ヒゲ神：三人とも、冷静になりなさい。ロータスの言っていることは、ある意味、当たっているんじゃ。

人々が目覚めてくると、古い制度が窮屈になってくるのじゃ。

ロータス：やった！　私の言っていることが間違っていないって、ヒゲ神様のお墨付きをもらったわ。

ローラ：ヒゲ神様、私にわかるように、かみ砕いて説明してくれますか？

ヒゲ神：それは、こういうことなんじゃ。

人々のハートがどんどんオープンになると、すべては1つで自分も他人もないとわかってくる。地球人類すべてが自分の家族と同じだと感じてくるのじゃ。

そうなると、どういうことが起こると思うかな？

タカシ：そんなふうになってくると、誰が子供を育ててもＯＫだと感じてくるんではないかな？

ヒゲ神：そうなんじゃ。子供を育てたいというカップルが子供を育てるようになってくるのじゃ。

生まれた子供たちは、人類の大人たち、すべてが母であり父であると感じるようになるのじゃ。

宇宙はバランスがとれていて、生みたいという人と、育てたいという人の数の調和が保たれてくるのじゃ。

子供の養育問題がなくなってくると、人々は結婚という概念がいらなくなるのじゃ。

一緒にいたいパートナーと住むようになり、時期がくれば別れるのも自由なんじゃ。

物理的に別れても、心はいつもつながっているとわかっているので（人類すべてがつながっている感覚があるので）、孤独感にさいなまれることもなくなるんじゃ。

タカシ：すばらしい世界だね。

ローラ：私はそんな世界、ちょっと嫌だわ。生んでくれた両親と一緒に住みたいし、永遠の愛を誓うパートナーと一緒に暮らしたいわ。

ロータス：ローラは考えが古いんだから。ローラが結婚して3年もすると、別の人と恋がしたいと言ってそうな気がするけど。

ローラ：何よ、古いって。私の考えは普通よ。

ヒゲ神：まあまあ。ローラの考えが今は一般的で、それはそれでＯＫじゃ。ただ、ローラもハートが開いて目覚めてくると、今の制度が窮屈に感じてくるかもしれんぞ。

ローラ：そうかな。

タカシ：僕も最初は、ローラと同じ考え方だったんだよ。でも、一瞥体験を何度も体験していくうちに、何だか変だと感じるようになってきたんだ。

すべては１つで、自分と他人の境界もないとわかってくると、誰かを好きになることは、パートナーがいる、いないとは関係ない気がしてきたんだ。

今の結婚制度だと、夫婦以外の他人と愛し合い肉体関係を結ぶと、不倫という烙印を押されてしまう。それが公開されると世間から非難される。

男と女の出会った時期が早いか遅いかで、祝福されるか非難されるかが決まるなんて、不思議な感じがしてきたんだ。

ローラ：そう言われてみれば、そういう考え方もあるわね。

ヒゲ神：今は、人々の意識がシフトする転換期で、新しい考え方の人たちと古い考え方の人たちとの対立が起きる時期でもあるんじゃ。しばらくすると、新しい考え方が一般的になり、その対立は自然と収まってくるのじゃが。

ローラ：だいたい新しい考え方はわかってきたけど、疑問があるわ。

ヒゲ神：なんじゃ、疑問とは？

ローラ：好きな人同士が一緒に住むのはいいけど、今まで一緒に住んでいたパートナーがそれに同意しなかったらどうするのよ。

お互いが別れる時期だと悟って、自然とそうなる場合はいいけど、いつもそうなるとはかぎらないでしょ？

また、そのカップルが子供を産んで育てていた場合、子供たちはどうなるの？

ヒゲ神：いい質問じゃな。進化した星の住人たちは、テレパシーで全員つながっていて、カップルの一人が、一緒にいる時期が終わったと感じたら、もう一人もそれを自然と察するんじゃ。

皆、それぞれ独立していて、他人を縛る考えはないので、相手が旅立ちたいと思っているのなら、その旅立ちを祝福するのじゃ。今まで一緒にすごしてくれたことへの感謝の気持ちとともに。

そんな感じで、旅立ったパートナーを祝福するのじゃ。

基本的に進化した星の住人たちは、今ここの永遠の平安をいつも感じていて、満たされているのじゃ。だから、孤独感にさいなまれることもないんじゃよ。

一緒に住んでいたパートナーとの別れが決まると、その子供たちを育てたいというカップルが自然と現れて、子育てを引き継ぐのじゃ。

子供たちは生まれた時から、進化した星の大人たち全員が父であり母であるという感覚なので、新しい父母の愛を受けて育っていくのじゃ。

ローラ：自然とそうなるのね。少しわかった気がするわ。ありがとう、ヒゲ神様。

タカシ：地球も早くそんな星になってほしいな。そんな世界はすばらしいと思うよ。愛がベースの世界で、すべてが自由なんだね。

ロータス：私も、早くそんな世界が来てほしいと思うわ。そうしたら淫乱女とか言われなくてすむわ。

ローラ：ロータスちゃん、ごめんなさいね。ちょっと言いすぎたわ。

ロータス：いいのよ、古い考え方も素敵だと思っていた時期が私にもあるから。

一瞥体験してから私の考え方も変わっていったの。最初は、なんて変な考えをするのだと、自分を責めたわ。今は責めることをやめて、すべての自分を受け入れることにしたの。

ヒゲ神：重要なのは、自分の中からどんな考えが出てきても、それを否定しないことじゃ。

全部の自分を受け入れれば、受け入れるほど、自由になるのじゃ。

ネガティブな考えや、常識に反する考えでも、今、その思考が起こったことは、宇宙がそれをゆるしているから、それが出現したのじゃ。

その思考が出てきたことで自分を責めることはやめるのじゃ。

ローラ：ありがとうございます。ヒゲ神様に言われて、気がつきました。日ごろ、いかに自分自身を責めていたかということに。その責める思考をダメだと思っていたわ。

でも、その思考が出てきたことは宇宙にゆるされていたのね。そんな自分でもOKだとわかって楽になったわ。

タカシ：ローラ、よかったね。明るいローラがそんなに自分を責めていたなんて、人は外見ではわからないものだね。

ロータス：誰でも最初はそうだと思うわ。私もそうだったから。ハートが開いてきて真実がわかってくると、ローラちゃんが気づいたように私も気がついたから。

タカシ：言われてみれば、僕もそうだったよ。昔は、一日中自分を責めていたよ。責めていることに気がつかないぐらい、しょっちゅう心の中でやっていたんだ。それが当たり前だったんだ。

ローラ：タカシもそうだったのね、安心したわ。私だけでなかったのね。

ロータス：私の性愛講座から、こんな議論に発展するなんて。でも、私も勉強になったわ。

私は何も知らない。わからないだけがわかる

タカシ：ヒゲ神様、気づき（悟り）を深めていったら、あることに気がついたんだ。

「わからないことだけがわかった」と。そして、わからないでいいって、心の底から思えたんだ。

その時、探求が終わったと感じたんです。
これって、探求の終わりに皆、感じることなんですかね？

ヒゲ神：タカシは、宇宙のどこかに真理があると思って、探求をしてきたんだね。

タカシ：そうですが。

ヒゲ神：ところが、外にそれはなかったと気がついたじゃろ。

タカシ：その通りです。

ヒゲ神：それでいいのじゃ。

タカシ：ヒゲ神様、僕の質問に答えてください。
探求の終わりを迎えた人は皆、僕のように感じるのでしょうか？

ヒゲ神：そうとはかぎらん。それと、「探求の終わり」と探求者が聞くと、完全に悟った人、解脱者になったと勘違いするかもしれんぞ。

タカシ：ヒゲ神様、確かに、「探求の終わり」って言葉は誤解を招きやすいですね。僕はそういう意味で使ったわけではないんだけど。

ヒゲ神：言葉は、聞く人の解釈によって違った意味にもなるから扱いが難しいが、便利なツールでもある。

タカシが言っていた「わからないことだけがわかった」と感じる目覚めた人たちが増えているのも事実じゃ。

ローラ：なぜ、わからない人が目覚めた人なのですか？　論理的に矛盾していると思いますが？

ヒゲ神：ほとんどの人は、自分が何かを知っていると勘違いしているのじゃ。

ところが、気づき（悟り）を深めた人は、「自分が何も知らない」という実相を知ったので、目覚めた人と呼んだのじゃ。

ローラ：ますます、わからなくなったわ。少なくとも、私は自分がいるということは知っているわ。

ヒゲ神：本当にそうと言えるか？

ローラ：あ！　そういえば、この前、私がどこにいるか五感だけを頼りに探したら、どこにも見つからなかったわね。

私がいる、っていうのも真実ではないかもしれないのね。あー、わかんなくなってきたわ。

ヒゲ神：一瞥体験をして全部がわかったと思っても、別のタイプの一瞥体験が起こると世界観は一変する。

そこで、前回の一瞥体験でわかったというものは部分的なものだと悟るのじゃ。

これを繰り返すと、「わかった」と言えなくなってくるのじゃ。それで、その域に達した者たちは、**「何もわからない」でくつろぐようになる。**

その時、外に求める探求が終わるのじゃ。

タカシ：そういうプロセスを僕はたどったんだ。スッキリしたよ、ヒゲ神様、ありがとう。

パートナーが現れる仕組み

タカシ：僕は、決意したんだ。

ローラ：何を決意したの、地球を救うこと？

タカシ：婚活だよ。

ローラ：なんだ、そうなの、頑張ってね。

タカシ：決意して、ここで発表したのに、ローラは冷たいね。

ローラ：冷たくないわよ。「頑張って」って言っているでしょ。

タカシ：全然、応援しているように感じないんだけど。

ローラ：バレた？　タカシが本気で言っているようには感じないから。冗談でしょ？

タカシ：僕は本気だよ。でも、わからないことがあるんだ。ヒゲ神様、教えてもらえませんか？

ヒゲ神：なんじゃ？

タカシ：僕の理想が淡い夢なのか？　それとも実現できるものなのかわからないんです。

ヒゲ神：理想を言ってみよ。

タカシ：僕の理想は、目覚めた女性と相思相愛で結ばれる。
目覚めた女性がたくさんいるのは知っています。でも、相思相愛ってところが
「?」なんです。
僕が好きになって、なおかつ僕を好きになってくれる目覚めた女性が、この世
に存在するのでしょうか?

ヒゲ神：おるよ、たくさん。

タカシ：え!? たくさんいるんですか?
僕は今まで、そんな女性に出会ったことはないのですが。

ローラ：いるでしょ、私が。

タカシ：ちょっと待った。ローラは僕のこと好きだったの？

ローラ：嫌いじゃないわよ。

タカシ：嫌いじゃないのと好きとは違うよ。それに僕がローラのことを好きかどうか、わからないじゃないか。

ローラ：その点は大丈夫よ、タカシは私のこと好きに決まっているから。

タカシ：断定的にものを言うのは、やめてくれないか。僕は一度もローラのことを好きだと言ったことはないよ。

ローラ：女の直感でわかるわ。

タカシ：女の直感ほど、いいかげんなものはないからな。

ローラ：失礼ね。タカシなんか嫌いよ。

タカシ：ほら、ボロを見せた。そもそもローラは、目覚めた女性ではないから、最初から除外だけど。

ローラ：ますます、失礼だわ。

ヒゲ神：まあまあ、二人とも喧嘩はそのぐらいにして。わしがそのような女性がたくさんいると言ったのには、わけがあるんじゃ。

タカシ：どんなわけですか？

ヒゲ神：**それは、人が何かを望む時、それが実現した世界は、すでにあるんじゃ。**
だから、タカシが望んだ女性がいる世界は、もうすでにあるんじゃ。

たくさんいると言ったのは、そんなパラレルワールドがたくさんあるからなんじゃ。

タカシ：そうでしたよね。自分のことになると、すっかりそのことを忘れてしまいます。では、ヒゲ神様、僕の理想が実現した世界に移行するにはどうすればいいのでしょうか？

ヒゲ神：それは簡単じゃ。ただ、行けばいいのじゃ。

タカシ：それが難しいから聞いているのです。ただ行けばいいって、どうすれば行けるのですか？

ヒゲ神：そこじゃ、問題は。

タカシ（あなた）の夢が実現した世界は、すでにあるのじゃ。そこに行けばいいだけなのじゃ。

タカシ：ヒゲ神様、何度も言っているように、その行き方がわからないのです。

ヒゲ神：これだけ言っても、まだわからぬか！

タカシ：その言葉だけで、わかる人がいるのですか？「ただ行けばいいだけ」って言葉だけで。あ!? わかった。そういうことだったのか。

ローラ：何、一人でわかっているのよ。どういうことか教えなさいよ。私はさっぱりわかんないわ。

タカシ：僕は今まで、ヒゲ神様が言っていることは知っていたんだよ。でも心の底で信じていなかったんだ。それに気がついたんだよ。真実はイッツ・シンプルだったんだ。

何かを実現するために、いろいろ頑張って達成するものだと思い込んでいたんだ。

でも、そうじゃないことがわかったよ。

ローラ：つまり、タカシは、ヒゲ神様が言っていた「人が何かを望む時、それが実現した世界はすでにある」ってことは知っていたけど、心の底では信じていなかったのね。だから、あったとしても、そこに行けるわけないと思っていたのね。

タカシ：そうなんだ。そのことを知っていたけど、信じていなかったということに気がついたんだよ。

ヒゲ神：もう1つあるんじゃ。タカシは、そのままの自分自身を受け入れていないんじゃ。

どんな自分も受け入れられると、その波動にあったパートナーが現れる仕組みになっているのじゃ。

タカシ：そんなこと、とっくの昔に知っていますよ。僕はこれまで、女性性を開いたり、あらゆるブロックを取ってきたんだ。どんな自分も受け入れ、認めてきたんだ。今さら、受け入れられていないと言われても、ピンとこないですよ。

ヒゲ神：タカシ、よく自分自身の心を見るのじゃ。本当にそうかな。特に異性に関して、そのままの自分だとダメだと思ってはいないか？

タカシ：う～ん。ヒゲ神様、確かにもっとお金を持っていて、容姿も今よりよくならなければ、女性に好きになってもらえないと思っていたよ。その部分だけは見逃していたよ。

素《す》の自分ではいけないって、心の深いところで思っていたんだね。今、それに気がつきました。

ヒゲ神：やっと、気がついたか。よかった、よかった。

タカシ：気がつくのが遅すぎたよ。もっと早く気がついていたら、僕は違う人生を歩んでいたかもしれないのに。

ローラ：今、気がついたから、それでＯＫよ。いつも今がスタートよ。

ロータス：ローラちゃんの言う通りよ。今、気がついたからＯＫよ。

タカシ：そうだね、今、気がついたから、新たなスタートをきれるんだよね。いつも自分で言っていて、すぐに忘れてしまうね。

第4章
悟りはどこにある？

救わなければならない地球なんてない

チューリップ：何よ、この本⁉ 宇宙の真理をバラして地球を救う⁉ 笑っちゃうわ。
だいたい、地球なんか救う必要ないし、救われる地球もないじゃないの？ 頭おかしいんじゃないの。

タカシ：なんだ、お前は？ いきなり登場して、この本のことを非難する小娘は？

チューリップ：私は数年前に覚醒体験をして、宇宙の真理が全部わかったの。それ以来、悟りや目覚め系の本でおかしなことを書いているのがあれば、注意しているのよ。

チューリップはちょっと癖のあるロリータ系覚醒美少女

この本の一番おかしなところは、この世界が未来の「ボク」が創ったVRゲーム世界だって主張していることよ。そんなわけないでしょ。バカバカしいわ。

ローラ：私も最初はそう思ったわ。でも、ボクさんやヒゲ神様の話を聞いて、もしかしたらそうかも、って思ったの。

ロータス：チューリップちゃん、あなたが体験した覚醒体験を話してくれない？

チューリップ：いいわ、話してあげる。

あれは外国で悟りの修行をしていた時だったわ。修行仲間たちが、どんどん目覚めていって、私だけ取り残されたような状況になっていたの。

それで、もう一度海外に行って、真剣に修行に打ち込むことを決意したの。それから1か月ぐらい経過したわ。

いくらやってもダメなので、あきらめて日本に帰ろうかと考えていた時よ。

突然、時が止まったの。時間が幻想だとわかったわ。世界は幻想で、素粒子の動きも見えたの。
それから、覚者たちが言っていることがスラスラわかったわ。そんな感じだった。

ロータス：チューリップちゃん、話してくれてありがとう。素粒子の動きが見えたというのは面白いわね。

チューリップ：そうなの、同じ体験をした人がいないか、それからずいぶん探したわ。いったい自分が何を見たのか確認したかったの。
それで、タカシに何度もそういう人がいないか連絡したのに、私を覚えていないなんて、最低ね。

タカシ：え！　お前、あの時の○○ちゃんだったのか。大人びて髪型も変わったので、誰だか気がつかなかったよ。

チューリップ：タカシは会った人をすぐ忘れるんだから。数か月一緒に修行した仲間なのに、私を忘れるなんて信じられないわ。

タカシ：ごめんなさい。女性は髪型や化粧で別人になるから、チューリップちゃんのことは忘れていないよ。

チューリップ：だったら、私の3つの問いに答えてよ。

❶地球を救う必要はないのに、なぜ地球を救うと主張しているのか？

❷そもそも救わなければならない地球などないわ。それをタカシは知っているはずなのに、なぜそんないいかげんなことを言うの？

❸この世界が未来の中学生「ボク」が創ったVRゲーム世界だとウソを主張するのはなぜか？

タカシ：いい質問をしてくれたね。この本の読者にも同じ疑問を持っている人がいるだろう。

❶と❷は同じ答えなので、一緒に答えるよ。

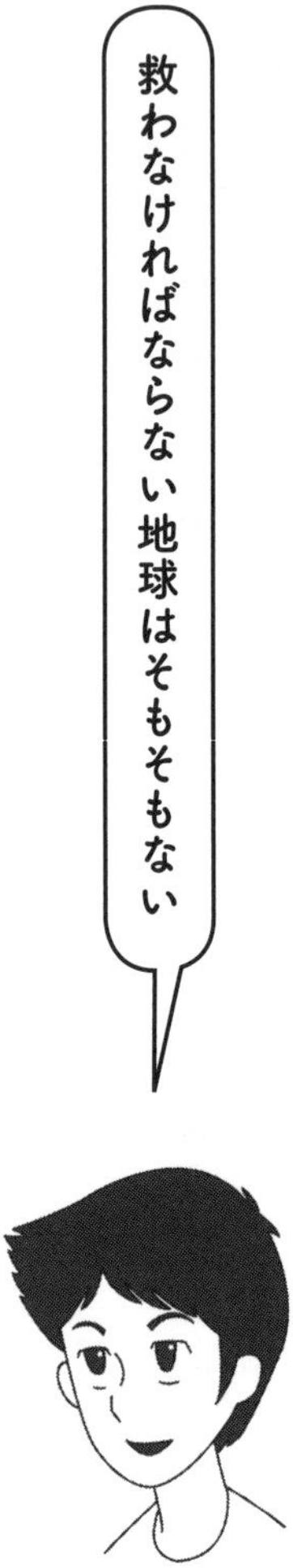

チューリップちゃんの言っていることは正しい。

次のような理由で、そう言えると思うよ。

世界が幻想だったら、地球も救う必要はないし、人類が核戦争で滅んでも、地球はその後も、太陽の周りをまわっているだろう。ゆえに、地球はそもそも救う対象のものではない。

チューリップ：やっぱり、タカシはわかっているんじゃない。なのに、なぜそんな主張をするの？

タカシ：わかっていて、「地球を救う」って言っているんだよ。
正確に言うと、ただ、「地球を救いたい」んだ。
理由などないんだ。登山家が、なぜ山に登るかと聞かれて、そこに山があるからだと答えるのと同じように。なぜ地球を救いたいのかと聞かれると、**「そこに地球があるからだ」**としか答えようがないんだ。

チューリップ：何だか、わかったようでわからないわ。じゃあ、❸の質問に答えてよ。

タカシ：❸の答えは、読者にショックを与えるためなんだ。
今見ている世界は幻想だと、いくら言っても信じられないと思うよ。でも、この現実世界が、VRゲーム世界（仮想現実）だと想定してみることによって、読者の皆さんが真実に目覚めると思ったからなんだ。

チューリップ：そうだったの、深い理由があったのね。

ヒゲ神：タカシがそう思っているのは自由じゃ。事実は小説よりも奇なりじゃ。深く心を探っていくと、真実が現れるじゃろう。

ローラ：え！　やっぱりこの世界はボクさんが創ったの⁉

ボク：そうだよ。何度も言っているように、この現実世界はボクが創ったんだよ。設計もプログラミングも、ボク一人でしたんだ。超銀河マザーＡＩ・スタージャさんの助けも借りたけどね。

タカシが地球を救いたいと強烈に思うのは、ボクがそうプログラミングしたからだよ。だって、このゲームの目的は地球を救うことだからね。

チューリップ：ああ、ますますわけがわからなくなったわ。ヒゲ神様といい、ボクちゃんといい、いったいこの世界はどうなっているのよ。

ロータス：チューリップちゃん、現実を受け入れるのね。どんなにわけがわからなくても、**今、起こっていることを受け入れるのよ。**

そうしたら楽になるわ。私はそうやって嫌なことやわからないことを受け入れてきたの。ただ受け入れるだけで心が楽になったわ。

チューリップ：それは私もわかっているわ。でも、これだけは受け入れろと言われても、受け入れられないわ。誰かがウソを言っているのよ。この本、怪しすぎるわ。

ローラ：チューリップちゃん、往生際が悪いわ。

ロータスの言っているように、いったん受け入れてみたら楽になるから。

チューリップ：私は、論理的に矛盾することやおかしいことを見逃すわけにはいかない性分なの。おかしいと思っていることをただ受け入れたら、科学の発展はないわよ。

タカシ：確かに、チューリップの言っていることも一理あるよ。この世界は不思議だらけだよ。1つわかったら、また未知が増えて、どこまでいってもきりがないんだ。

だから、いったんはすべてを受け入れるってことが大事なんだと思うよ。

ヒゲ神：タカシの言うとおりじゃ。「わかった」という言葉をつかんだとたんに、未知のものを受け入れる扉を閉めてしまうことになるんじゃ。

悟りを深めていくと、**わからないという未知のスペースが無限に宇宙には開かれると気づくじゃろう。**

人間には無限に進化する道が開かれているのじゃ。

チューリップ：何だかわからないけど、ヒゲ神様の言うことは深いわね。とにかく、私もいったんは受け入れることにしてみるわ。

ロータス：ヒゲ神様の言いたいことがチューリップちゃんに伝わって、うれしいわ。

ローラ：私もうれしいわ。

タカシ：僕は何だか、うれしくないな。僕が同じことを言っても、チューリップは耳を貸さないのに、ヒゲ神様の言うことは聞くんだな。

チューリップ：タカシは愛がないのよ。ヒゲ神様には愛があるわ。

タカシ：愛がないって⁉　愛をもって言っているつもりなんだけど。

ロータス：タカシ、落ち込む必要はないわ。ヒゲ神様はこの世界に４００年も住んでいるのよ、年季が違って当たり前だわ。

ローラ：そうよ。ロータスの言う通り、タカシは時々いいこと言う時があるじゃない。元気を出してよ。

タカシ：ロータスちゃん、ローラちゃん。励ましの言葉をありがとう。本を書き続ける元気をもらったよ。

人類滅亡まで〇〇日だとしたら

オギダ艦長：ああ、もうだめなのか、この地球を救うことは。

ゴダイ：オギダ艦長、何を言うんですか？　まだ希望はありますよ。

時に、西暦2×××年、地球人類は滅亡の危機に瀕していた。
20世紀末から人類は温暖化ガスを排出し続け、後戻りできない状況に置かれていた。
また、アジアの独裁国家と超大国の核戦争も現実味を帯びてきて、世界各地でテロが増大していた。

タカシ：オギダ艦長の言う通りだな。十数年前、地球を一周した時、温暖化の流れの速さにびっくりしたよ。世界各国の利害で対策が全然進まない状況もブラジルの世界会議で知ったんだ。そのうえ、超大国の大統領がパリ協定を離脱すると宣言するから、もうお手上げだね。

ローラ：そうだったの。そんなこと全然、知らなかったわ。もう地球はあぶないの？

ボク：**大丈夫だよ、ボクがいるから。**

チューリップ：ボクちゃんがしゃしゃり出てきても、現実は変わらないじゃないの。

ヒゲ神：現在の地球は、国のエゴとエゴのぶつかり合いで、人類が滅びてもいい状況じゃ。地球と同列惑星がこの危機を乗り越えられず、滅びた過去もある。

タカシ：ヒゲ神様、そんな過去が地球と似た惑星であったんですか？　僕はその滅びた惑星に生きていた記憶があるんです。これは誰にも話したことがなかったけど。

ヒゲ神：そうじゃ。タカシは滅びた星から進化した星に転生して、その後、地球に来たのじゃ。

タカシ：そうだったんですね。だから、地球を故郷の星みたいに滅ぼしたくないんですね。

ヒゲ神：そうじゃ。

ローラ：では、ヒゲ神様、どうしたら地球を救うことができるんですか？

ヒゲ神：それはお前たち次第なんだよ。

ローラ：私たち次第？

ヒゲ神：何度も言うように、**この現実世界はＶＲゲーム世界じゃ。お前たちが「地球を救う」と決意し行動したら、救われた地球を見ることが可能なんじゃ。**

チューリップ：この世界が幻想なら、救う必要はないじゃない。幻想の地球を救ってどうするの？

タカシ：チューリップは何を言うんだ。原子爆弾を落とされた広島や長崎の悲惨な過去を知らないんだね。放射能で黒焦げになったり、ただれた皮膚の人を何百万人も見たいの？　僕はこの世界が幻想でも、そんな光景は見たくないね。

チューリップ：私もできれば、そんな風景は見たくないわ。戦争より平和のほうがいいに決まっているわ。

タカシ：だから、子供たちが安心して住める世界に変えることが必要なんだよ。

ローラ：ヒゲ神様、もう少しわかりやすく、地球を救う方法を教えていただけませんか？

ヒゲ神：**「世界は幻想」ということがキーなんじゃ。**

ローラ：「世界が幻想」っていうのが「キー」？

タカシ：あ！　こういうことかな。

多くの人が世界は幻想だと気がつけば、勇気をもって（死を決意して）行動することができる。

彼らが各国のリーダーたちを動かし、すべての国が1つになれば、地球を救う

ことが可能なんだ。

ローラやチューリップだって世界が平和になり、パスポートなしで世界中のどこでも旅行できたらいいと思うだろ。軍備にまわすお金を宇宙開発にまわせば、普通の人の宇宙旅行もすぐに可能になるよ。みんなで青い地球をこの目で見ることも可能になるんだ。

ローラ:タカシの言うことはわかるわ。でも、死を決意してまで地球を救いたいとは思わないわ、死ぬのは怖いもの。

タカシ:そこが重要なんだ。ローラはまだ、世界が幻想だと腹の底から思っていないよね。本当にそうだとわかれば、死が怖いわけないだろ。

ローラ:そう言われれば、確かにそうよ。

タカシ：**腹の底から「世界は幻想」だとわかった人たちが、勇気をもって行動に移せば、世界を変えることが可能なんだ。**

ヒゲ神：そのとおりじゃ。今までそれに気がついた人たちは、幻想だから何もしなくていいと思っていたんじゃ。しかし、どうせ幻想だったら、世界をよくする方向に動いてもいいんじゃないか？　そこがポイントなんじゃ。

一番重要なのは、これを読んでいるあなたがソレに早く気がつき、勇気をもって行動することなんじゃ。

ローラ：わかったわ、勇気をもって行動に移すわ。どうせこの世界は幻想だったら、思いっきり暴れるわよ。大統領でも独裁者でも、かかってきな〜だわ。

タカシ：ローラ、頼もしいな。そんな女性が1万人ほしいね。女性が変われば、男はついていくからね、今の時代。

オギダ艦長：ああ、青く輝く地球が見えてきた。地球をあきらめるのは、まだ早かったか。わしに希望を持たせてくれてありがとう！

エゴ愛から人類愛へ

タカシ：ローラちゃん、人を本当に好きになったことはある？

ローラ：何度もあるわ。なんでそんな質問するの？

タカシ：ボクは何十年も女性を本当に好きになったことがないんだ。それで、自分はおかしいのかとずっと思っていたよ。なぜ、自分は人を愛せないのかと。

ローラ：へぇ、そんな人がいるのね。確かにおかしいかもしれないわね。

チューリップ：タカシは恋愛感情を抱いたことはないの？

タカシ：それは何度かあるよ。でも、本当に愛していると言える人に出会ったことがないんだ。

チューリップ：それは、私もそうだわ。

ローラ：私もそうかもしれないわ。本当の愛って、パートナーが別の人を好きになっても、それを祝福できる愛のことよね。

タカシ：そうなんだ。本当の愛とは、相手が幸せになることを祝福できる愛だと思うんだ。

イエスが人類すべてを愛したように、その人が幸せだったら、自分が死んでもOKなぐらいの愛かもしれないね。

ローラ：そんなふうに人を愛せたことは一度もなかったわ。

タカシ：そんな経緯の後に、ハートを開くという体験をしたんだ。すると、本当に愛せる女性が現れたんだ。

チューリップ：へぇ、そんな女性が現れたのね。それでどうなったの？

タカシ：その女性が好きで好きでたまらなくなった。ここまでは通常の恋愛感情と同じなんだ。ところが、その女性は結婚していて、パートナーがいたんだ。自分自身の心を徹底的に見た時、自分の幸福はその女性が幸福なことだと気がつき、その女性を祝福したんだ。

その時はじめて、人類愛とはどういうものかわかったんだよ。ただ相手が幸せだったらOKという、とても優しい開かれた愛のエネルギーが全身から出ていることに気がついたんだよ。

ヒゲ神：**その時、タカシはエゴ的愛（相手を縛る愛）から人類愛（相手を祝福する**

愛）にシフトしたんじゃ。

この愛を多くの人がこれから体験するじゃろう。

ローラ：私もそんな愛のエネルギーを感じてみたいわ。

ただ、相思相愛が理想だわ。

タカシ：それから数年がたった時、もう一人、本当に愛せる女性が現れたんだ。しかし、その女性も結婚していて、最終的に祝福して終わったんだ。

エゴ的愛が人類愛にシフトするのはいいんだけど、その愛では相手をパートナーから奪うことは起こらない。結局、僕は一人で生きていかなければならないのか？　という疑問が起こったんだ。

人類愛はすばらしい愛なんだけど、個人の僕はハッピーではないんだ。

ローラ：それは寂しいわね。相思相愛で相手が独身同士が一番だわ。

チューリップ：タカシは、異性のパートナーがいなければ幸せじゃないの？

タカシ：確かに、どこかで思っているかもしれないな。それがいけない？

チューリップ：外国で一緒に修行していた時、悟りこそが人生の目的であり、それこそが究極の幸せと言っていたんじゃないの？　それを忘れたの？

タカシ：その時は、そう言っていたよ。悟りの体験（一瞥体験）をした時もそう感じたし、それはウソではないんだ。

ただ、人間として生きている以上、異性を求める気持ちが消えないことにも気がついたんだよ。それは、自然なことなんだ。それを素直に受け入れたんだ。

今ここで完璧であり、満たされている。だから、それ以上、何も求める必要はないこともわかっているよ。

しかし、人間の機能としての欲求は、それでも残るんだ。

食欲、睡眠欲、生存欲、性欲 etc.. これは自然なことなんだ。

周りと調和する範囲で、個人的欲求を満たしてあげることは自分自身を愛することにつながると思ったんだ。その過程で、パートナーがほしいという思いも受け入れたんだ。

チューリップ：そうだったのね。

ヒゲ神：水平軸では、今ここに永遠の幸福があるんじゃ。しかし垂直軸では、個として達成する幸福の余地が残されているのじゃ。

水平軸と垂直軸の幸福がクロスする時、全体と個の幸福が交わり、人間としての最大の幸福が得られるようになっているのじゃ。

タカシ：ヒゲ神様、そんなふうになっているのですね。納得しました。僕がたどったプロセスを振り返ると、こんな感じになるのかな。

当初、垂直軸の幸福しか知らないので、そればかりを追い求める。追い求めることに疲れると、水平軸の幸福があることを知り、探求の道に入る。それを発見するると、今度は垂直軸の幸福を見直すことになるんだ。
　今ここの幸福を味わいながら、それを実現するプロセスが生きる喜びだと気づくんだね。

チューリップ：深いわね。そんなふうになっているのね。一瞥体験後に方向性を見失ってうつになった時期もあったけど、もう一度恋をしたくなってきたわ。

ローラ：私も、ヒゲ神様やタカシの話を聞いてワクワクしてきたわ。悟りが終わりじゃないのね、恋をしてもいいのね。

何もしない日

ローラ：今日のタイトルは何なの？

タカシ：毎日、本を書き続けて1か月あまり、疲れたよ。それで、今日は何もしない日って決めたんだ。

ローラ：何もしない日？　タカシ！　今、本書いているでしょ。だから私たちの会話が成り立っているんじゃない？

タカシ：あらら、書かないつもりが、いつの間にか書いてしまっている。

チューリップ：タカシは時々、言ったことをすぐ破る癖があるわ。

タカシ：チューリップは何を言いだすんだ、言ったことをすぐ破ったことはないよ。

チューリップ：あら、誰にも言わないって私の秘密を聞き出しておいて、次の日には友達にしゃべったでしょ。

タカシ：あれはつい、口がすべってしまって。

好きな人が○○だったなんて、びっくりだったからね。

ローラ：タカシにはそんな癖があるのね。気をつけなきゃ。

タカシ：おいおい、なんでこんな話の展開になるんだ。僕は「何もしないこと」の有用性を話そうと思っていたのに。

ローラ：「何もしないこと」の有用性？

タカシ：僕たちはいつも、○○をしなければいけない、って思って行動していないか？

ローラ：確かに、朝ご飯を食べなきゃいけないって思って食べていたり、会社に行かなければお給料もらえないと思って出勤するわ。

タカシ：それを一切やめてみるんだ。

ローラ：え！　そんなことしたら、私は飢え死にするわ。

タカシ：ところがそうはならないんだ。

ローラ：どういうこと？

タカシ：多くの人は、会社に行かなければ食べていけないとか、朝ご飯を食べなければ体によくないとか、○○しなければならないという考えで行動しているんだ。それをやめるんだ。

ローラ：だから、それをやめたら、生きていけないわ。

タカシ：それが、間違っているんだ。

ローラ：とうとう、タカシはおかしくなったわね。朝ご飯ぐらい抜いても死にはしないけど、会社に行かなければ、お金がもらえず、そうすると、家賃も食費も払えなくなって、生きていけないじゃないの。私は貯金ゼロなんだから。

ヒゲ神：タカシの言っていることは、間違ってないんじゃ。

ローラ：ヒゲ神様、どういうことですか、わかりやすく説明してください。

ヒゲ神：それはこうじゃ。ほとんどの人は、○○しなければならないという考えで行動しておる。それが常識で、それ以外の道はないと信じておるのじゃ。

宇宙は無限の可能性があるのじゃ。

「○○しなければならない」っていう考えを捨てて、「○○したいからする」で行動しても生きられるようになっているんじゃ。

それぐらい、宇宙は太っ腹なんじゃ。

ローラ：私が会社をやめても生きていけるということですか？　貯金もゼロで、食べていける資格もないんですよ。

ヒゲ神：そうじゃ。

ローラ：でも、どうやったらお金が入ってくるの？　会社をやめて？

ヒゲ神：宇宙は太っ腹と言っているじゃろ。

ローラ：ヒゲ神様の言うことは、今までほとんど受け入れてきました。でも、今回だけは信じられません。

タカシ：ローラはなんで、今回だけは信じられないんだ。

ローラ：だって、会社をやめて何もしなくてもお金が天から降ってくるなんて非常識だわ。

タカシ：その非常識を疑ってみるんだ。なぜ非常識と言えるのかをね。

ロータス：ローラちゃん、タカシやヒゲ神様の言うことは、最初は信じられないかもしれないわ。でも、本当のことなのよ。実際にそれをしてみて、わかったの。やってみると不思議とお金が回るのよ。家からお金が出てきたり、本当に不思議なの。

ローラ：家からお金が出てくる⁉　庭から小判が出てくる花咲かじいさんの話みたい。

タカシ：このことは、やったことのある人しかわからないと思うよ。
僕は十数年前に会社をやめたけど、今、生きているだろ？

ローラ：タカシは会社を辞めた後、しばらくして別の会社に就職したから、当たり前でしょ。

タカシ：外的な形は関係ないんだよ。その当時、勤めている会社を辞めたら終わりだと思っていたよ。

でも、不思議な導きで別の会社で働くことになったんだ。最初は恐怖が出てきて、宇宙を信頼するのは大変だったけど。

ロータス：そうなのよ。飢え死にするか、宇宙を100％信頼して生きるか。そのぐらいの覚悟でやれば、わかるわ。

ローラ：そうなのかな、私の常識が間違っているのかな？

ヒゲ神：人が何十年も信じていたものを手放すことは、とても難しいことじゃ。

しかし、

宇宙に常識はないんじゃ。
無限の可能性があるだけじゃ。

ローラ：ヒゲ神様、わかったわ。このこともいったん受け入れて、信じてみます。

タカシ：ローラの素直さが天国に導くと思うよ。

ロータス：ローラちゃん、すばらしいわ。自分の常識にしがみつく人が多いのに。

ローラ：そう言われると、何だか私にもできる気がしてきたわ。毎日嫌な会社に行かなくていいなんて、夢のようだわ。

チューリップ：ローラちゃんは能天気ね。そんなに世の中は甘くないわ。

タカシ：チューリップは、「世の中は甘くない」という考えを信じているからそうなるんだよ。それがただの考えだと気がつく必要があるね。

チューリップ：何よ、偉そうに。そんなことぐらい、私だって知っているわ。

タカシ：知っていて、そんなことをわざわざ言う必要があるんだ。ローラがやっと受け入れたというのに。

チューリップ：会社をやめて、何もしなくてお金が天から降ってくることなんてありえないと、ローラちゃんに忠告しただけよ。

ローラ：確かに、チューリップちゃんの言う通りよ、ありえない話だわ。

チューリップ：ほら、もうぐらついているわ。世の中そんなに甘かったら、誰も苦労しないわ。

ヒゲ神：今までの地球人の集合意識は、チューリップの言うとおりなんじゃ。だから、そうなっていたんじゃ。ところが、

これからの地球の常識は、世の中は甘くて温かい場所だ、となるんじゃ。そして、働かなくても生きられる場所にもなる。宇宙はもともとそういう場所なんじゃ。

チューリップ：そうだったのね。世の中は甘くて温かい場所になるのね。それだったら納得するわ。

ローラ：時代がそういうふうにシフトするのね。何だかワクワクしてきたわ。働かなくても生きていける時代がくるなんて。

ヒゲ神：人々は、魂からやりたいことだけをして、豊かさがまわるようになるんじゃ。
しかし世の中がそうなっていなくても、タカシやロータスのように、今までの常識を捨てれば、そうなるのじゃ。

ローラ：ということは、すぐにでもそれが実現できるということね。

ヒゲ神：そうじゃ。

チューリップ：私も何だかワクワクしてきたわ。ありがとう、ヒゲ神様。

「今ここ」って何？

ローラ：「今ここ」って何？　今ここがわからないと悟りがわからないみたいなの。悟りやノンデュアリティの本を読むと、必ず「今ここ」って単語が出てくるけど、さっぱりわからないわ。

タカシ：一瞥体験していない人に説明するのは難しいね。本当に簡単なことなんだけど、あまりに目の前すぎて、わからないんだ。

ローラ：タカシはいつも一瞥体験していない私をバカにするのね。体験していない人にわかりやすく説明するのが、タカシの責任でしょ。

タカシ：なんで僕がローラにわかりやすく説明する責任があるんだ。

チューリップ：「今ここ」の説明は、確かに難しいわ。わかってみたらバカみたいなことなんだけど。

ロータス：こんな感じじゃないの？
私たちは時間が過去から未来に向かって流れていると思っているわね。そして、

「今」って、その流れの中の一瞬を「今」って言っているわね。

ローラ：そうね。

ロータス：でも、その「今」のことじゃないのよ。「今ここ」の「今」は、「永遠の今」のことなの。

過去や未来は頭の中の想像上のものだけど、「今」だけは、リアルに「今」あるわよね。

ローラ：確かに、過去は過ぎ去ったものだし、未来はまだ来ていないわね。

あ！　確かにいつも「今」しか私は生きていないわ。

ロータス：そうなのよ、私たちはいつも「今」しか生きられないのよ。

そして、「ここ」のことなんだけど、私たちは空間があると思っているけど、本当はないの。無という何もないスペースの中でいろんな色彩が舞っているだけなの。

ローラ:あー、わかんなくなってきた。空間がない? よくノンデュアリティの本などに書いてあることだわ。ヒゲ神様、私にわかるように教えてください。

ヒゲ神:ローラは、VRゲームをしたことがあるかな?

ローラ:あるわよ。

ヒゲ神:VRゲームをする時、何を装着するかね?

ローラ:VRゴーグルよ。

ヒゲ神:例えば、ジェットコースターに乗るVRゲームだとしよう。VRゴーグルを装着し、ゲームをスタートすると、ローラはジェットコースターに乗っていて、左右、上下、前後、どこを見てもジェットコースターから見た風景が見えるじゃろ。

ローラ：そうだと思うわ。

ヒゲ神：ジェットコースターに乗った気分になると思うが、そこで見た空間は本当はあるじゃろうか？

ローラ：ないわ。

ヒゲ神：しかし、ジェットコースターのＶＲゲームをしている時は、目の前にリアルにあると思っているはずじゃ。

ローラ：確かにそうだわ。あ！　ロータスちゃんが言っていたのは、そういうことなのね。この現実世界もＶＲゲームの世界と同じで、仮想現実なのね。だから、空間がないって言ったのね。

ヒゲ神：そうじゃ。本当は、空間がなく「無」なんじゃ。その無の中でいろんな色彩が動いていて、その一部分を人だとか鳥だとかネーミングして、世界をリアルに楽しんでいるんじゃ。

ローラ：だから、大阪から東京に仮想現実の世界で行ったとしても、私は一歩もVRゴーグルを装着している部屋から出ていないのね。

ヒゲ神：そうじゃ。いつも「今ここ」なのじゃ。「今ここ」から動いたものは誰もおらず、ソレしかないのじゃ。

誰でもチャネリングができる

ローラ：今日、書店で面白い本を見つけたの。その本にはマリアエネルギーとつながってチャネリングしている人の話が載っていたわ。メッセージもすばらしかったわ。

タカシ：ローラはチャネリングにも興味があるんだね。

ローラ：そりゃそうよ、悟りも大切だと思うけど、私もチャネリングできたらなって、時々思うこともあるのよ。

タカシ：なんで？

ローラ：チャネリングができたら、マリア様やイエス様、大天使ミカエルなどにつながって、私の悩みを聞けるじゃない。いつも愛に満たされて、幸せでいられるわ。

タカシ：ローラは単純だな。悟りに興味を持ったら、今度はチャネリングかよ。

ローラ：何よ、どんなことに興味を持ってもいいでしょ。
ヒゲ神様、どうすれば私もチャネリングができるようになるのでしょうか？

タカシ：ローラはヒゲ神様に聞きすぎだよ。チャネリングについては、僕が詳しいから答えてあげるね。

ローラ：確かに、いつもヒゲ神様に頼っているかもね。タカシ、知っているの？

タカシ：当然、知っているよ。昔チャネリングを教えていたからね。
まず、ローラの質問の仕方が間違っているよ。

ローラ：質問が間違っている？　どう間違っているのよ？

タカシ：「どうしたらチャネリングができるようになるか？」ではなくて、「もともとできるチャネリングをどうしたら思い出せるのか?」という質問にしなければ、おかしいよ。

ローラ:え! 私にもともとチャネリングをできる能力があるの?

タカシ:ローラだけでなく、誰でもできるんだよ。

ローラ:天使やガイドとつながることは誰でもできるの? だったら私もマリアエネルギーとすぐつながれるの?

タカシ:「つながれる?」という質問もおかしいんだ。

正しい質問としては「もともとつながっているガイドや天使のエネルギーにフォーカスするにはどうすればいいの?」になるかな。

ローラ:もう、よくわかんないわ? いちいち私の質問に難癖付けて、だからタカシに聞くのは嫌なのよ。

ヒゲ神:タカシは、ガイドや天使のエネルギーと離れているという考え方が違う、と言いたいのじゃ。すべては1つで、分かれているというのが幻想なんじゃよ。

ローラ:ヒゲ神様、ありがとうございます。そういうことだったのですね。では、もともと私にチャネリング能力があるとはどういうことですか?

ヒゲ神:太古より人には目に見えないエネルギーとつながる能力があったのじゃ。現在は、西洋文明の影響で目に見えないものは信じないという信念体系が強く、そういう集合意識の影響を受けているのじゃ。ほとんどの人は、非物質世界の住人たちとつながる力を忘れてしまっているのじゃ。

ローラ:そうだったのね。ということは、タカシの言うように、誰にもその能力があって、私もチャネリング能力を思い出せば、できるのね。

タカシ：チャネリングができても、ローラが思っている幸せは来ないよ。

ローラ：何よ、人がせっかくチャネリング能力を思い出そうとしている時に、幸せにならないなんて、いいかげんなことを言わないで。

タカシ：ローラはこう思っていないか？

わからないことや悩みがなくなったら幸せになると。

ローラ：そうよ。わからないことがわかって、悩みがなくなったら幸せに決まっているでしょ。

タカシ：ところが、そうはならないんだよ。

確かに、チャネリングメッセージはすばらしいものがあるよ。そのメッセージを聞いて明るい未来を思い描き、希望を持って人生を歩める利点はあるんだ。

でも、ガイドに何でも教えてもらうという依存傾向になってしまうと、自分で人生を切り開けなくなってしまう。だから、高次のガイドであればあるほど、示唆するだけで何でも教えたりはしないんだ。チャネラーが依存傾向になると、その波動と同じ低次のエネルギー体とつながってしまい、メッセージの質が落ちることが多々あるんだよ。

ローラ：そうなの。なんだ、ガックリ。ガイドとつながっても、何でも教えてくれるわけではないのね。

タカシ：もし、ローラの希望通り、ガイドが何でも教えてくれたとしても、幸せにはならないよ。

ローラ：なんで？

タカシ：ローラが探している幸せは、永遠の幸せだよね。その幸せは、何かを達成したり得たりして獲得できるものではないんだよ。

ローラ：もっと詳しく説明してよ。

タカシ：僕も最初はローラと同じように、チャネリングにあこがれて、どんどんチャネリングが上達したんだ。すばらしいメッセージが降りてきたり、クライアントさんに必要なメッセージを伝えてあげて感謝されたことも多々あったんだ。ところが、チャネリング能力が上がれば上がるほど、あることに気がついたんだ。

ローラ：それは何なの？

タカシ：最初は、高いところに住んでいる高次元の存在とつながって会話する感覚だったんだ。しばらくすると、大きな自分の中で会話している感覚になってきた。

例えば、最初は偉い人と会話している感じだったけど、しばらくすると、自分の頭とハートで会話している感覚になったんだよ。

ガイドたちとは、もともと1つで、チャネリングという手法でつながって答えをもらわなくても、自分自身の深いところに聞けばいいことに気がついたんだ。

また、いくら答えがわかっても、愛のエネルギーに一時的に満たされても、僕の求めていた幸せはそこにはないことに気がついだんだ。

僕が求めていた幸せは、チャネリングをしなくても、今ここにいつもあったんだ。

チャネリングはすばらしい技法だし、役立つこともたくさんあるよ。でも、ローラが求めている幸せを獲得する手段にはならないんだ。

だからチャネリングは、実生活をよくするツールの1つととらえるといいと思うよ。

ローラ:そうなのね。タカシの気持ちはわかったわ。そういうことを知ったうえで、チャネリングにアプローチすればいいのね。

タカシ：世の中にはすばらしいチャネラーはたくさんいるよ。だから、ローラと波長の合うチャネリングの先生とつながればいいと思うよ。

チューリップ：私はいろんなヒーリング手法を習ったけど、チャネリングは習ったことないわ。怪しいところが多いと聞いたけど、どうやっていい先生を判別すればいいの？

タカシ：人生は冒険だよ。自分自身のハートに聞いてみて、波長の合う先生を選択すればいいよ。もともとチャネラー体質の人は、習わなくても本やDVDを見ただけで、できるようになる人もいるけどね。また、習うというより一緒に体験する場所もあるから、ネットでいろいろ調べてみるといいよ。

チューリップ：ありがとう。直感とハートで決めればいいのね、調べてみるわ。

ローラ：タカシ、いろいろ教えてくれてありがとう！　少し調べてみて、本当にチャネリングしたくなった時にアプローチしてみるわ。

悟りの落とし穴

ローラ：タカシ、私、変かな？

タカシ：どうしたの？

ローラ：昨日の深夜に、びっくりすることがあったの。全部わかっちゃったのよ。

タカシ：全部わかっちゃった？

ローラ：宇宙すべてが私で、私以外のものは何もないと、突然、気がついてしまったの。私の人生、全部完璧で間違っていなかったのよ。だから涙が止まらなくなったの。タカシもロータスちゃんもヒゲ神様も、山、川、すべてが私だとわかって、すべてがいとおしくなったの。

次の日に駅に行ったら、歩いている中学生、カップル、主婦、ＯＬ、サラリーマン、老人、すべての人にハグしたくなって自分を抑制するのが大変だったわ。歩いている人すべてが自分の分身に感じて、いとおしくなったのよ。

世界は輝いていて、いつも見ている日常が違って見えたわ。それで私は、悟ったと思ったの。

ヒゲ神：ローラは、一瞥体験をしたんじゃ。

ローラ：そうだったのね。

タカシ：ローラに忠告しておくよ。一瞥体験後の落とし穴に落ちないようにね。そこに落ちると地獄の苦しみを味わうから。

ローラ：突然、何を言いだすの、タカシは。

私は悟ったのよ。悟った人が地獄の苦しみを味わうわけないでしょ。

タカシ：それが落とし穴なんだよ。

ローラ：もう、わけのわからない人を相手にするのはよすわ。

ロータス：ローラちゃん、おめでとう。覚醒体験をしたのね。世界観が変わったでしょ。

ローラ：ロータスちゃん、ありがとう。そうなの、世界が一変したわ。ただ至福なの。すべてがすばらしいわ。

ヒゲ神：確かにめでたいことじゃ。ただ、タカシの言うことにも一理あるのじゃ。多くの一瞥体験者は、タカシの言う落とし穴にはまるケースが多いからじゃ。

ローラ：ヒゲ神様、それは、どういうことでしょうか？

ヒゲ神：ローラは今、至福状態で、心配や悩みもないと思うが、どうじゃ？

ローラ：そうなんです。心配や悩みはまったくなく、ただただ世界がすばらしく、愛と感謝で心がいっぱいなんです。

ヒゲ神：それは、すばらしいことじゃ。ただ、その状態が終わった後が問題なんじゃ。

ローラ：え！　せっかく悟ったのに、この状態が終わるの？　そんなの嫌だわ、ウソでしょ！　本で読んだんだけど、悟ったら、もう後戻りしないと書いてあったわ。私は悟っていないの？

タカシ：当たり前だろ、ただ悟り体験（一瞥体験）をしただけだよ。

現に、ローラは、「もう、わけのわからない人を相手にするのはよすわ」と言っただろ。自分が全部だと気がついたのに、僕だけは自分ではないと思っているから、そんな発言が出てくるんだ。

ローラ：そう言われてみれば、そうね。悔しいけど認めるわ。

ヒゲ神様、タカシが言う一瞥体験後の落とし穴とやらをわかりやすく説明してくれませんか？　地獄の苦しみを味わうのは嫌だわ。

ヒゲ神：一瞥体験が終わると（人によって、数年後のこともある）、エゴと一体化したり、抑圧した感情が戻ってくるのじゃ。

すると、体験中のすばらしい状態に戻りたいと強く思い、一瞥体験を追い求め始めるのじゃ。これを「探求者の復活」と言う。復活した探求者は、こんな行動に出る場合が多いのじゃ。

【ケース1】 もう一度、一瞥体験をしたいと思い、その方法をいろいろ探す。探せば探すほど、悟りは遠ざかるとわかり、追い求めるのをやめる。悟りを探求することをあきらめ、違うことに目を向けて悟りを忘れようとする。

【ケース2】一瞥体験中にブログやお話し会などをスタートして、ファンができる。そのファンのために、覚者を偽装して発信をし続ける。その後、ファンとのトラブルが発生したり、エゴまみれの自分に気がつき、ブログを閉鎖し、イベントもやめて、表舞台から去る。

【ケース3】再度、一瞥体験をし、個別の私はいない&自由意思もないと腑に落ちる。一瞥体験終了後、生きる意味を見失い、虚無に陥る。一瞥体験などしなかったらよかったと、ものすごい後悔に襲われる。

ケース2とケース3がタカシの言う地獄の体験といえるじゃろ。

ケース2は、悟ったと思った自分がエゴまみれなのを自覚して、相当落ち込む人が多い。ケース3の場合は、うつになり、病院に行かなければならない場合もある。この場合の落ち込み具合は相当なものじゃ。

ローラ：そんなことがあるんですね。悟ったと浮かれている場合ではないわ。ヒゲ神様、落とし穴に落ちないためには、どうすればいいの？

ヒゲ神：まず、謙虚さを忘れないことじゃ。悟りの体験をしたといっても、他の人と同じ人間じゃ。まだ目覚めていない人を見下すのも厳禁じゃ。一番重要なのは、**常に自分自身の心の中をチェックすることじゃ。**

ローラ：ヒゲ神様、わかりました。謙虚さが重要なのですね。質問があるんですけど、心の中を常にチェックするって、どうすればいいんですか？

ヒゲ神：何か出来事があった時（いい出来事でも悪い出来事でも）、心に矢印を向けるのじゃ。モヤモヤしていたら、なぜ自分はモヤモヤしているのか？　自分自身に問うのじゃ。いいことがあり、有頂天になった時も、なぜ有頂天になる必要があるかを問うのじゃ。

ローラ：わかったわ。やってみます。ヒゲ神様、ありがとうございます。

十牛図

タカシ：以前、禅寺で禅の修行に行った時のことなんだ。
そこの和尚さんは、悟りについてとても勉強されているのはわかるんだけど、全然悟っていないんだよ。お坊さんは悟りを求めて修行をしているのに、悟ったお坊さんはいないんだと、がっかりしたことがあったんだ。

ローラ：タカシはそんな修行もしてたのね。

タカシ：休憩時間に禅の本が置いてあったので、パラパラ見ていたら、びっくりする絵に出会ったんだ。それが十牛図（悟りを牛にたとえて、悟りへの道筋を10枚の絵で表したもの）なんだ。
十牛図を見た途端、お釈迦様以外に悟った禅僧がいたんだと気がついたんだ。
それだけ十牛図は、インパクトがあったんだ。

ローラ：どんな絵なの？

タカシ：いろいろな人が書いた絵があるんだけど、こんな絵なんだ。
ヒゲ神様、1つひとつ解説していただけませんか？

ヒゲ神：タカシが自分で解説しなさい。タカシの経験を踏まえて。

タカシ：わかりました。この図を説明する前に、ちょっと説明したいことがあるんだ。

ローラ：どんなこと？

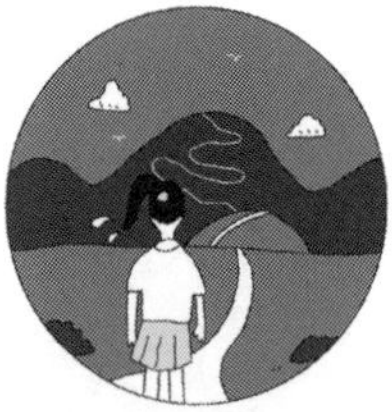

❶尋牛

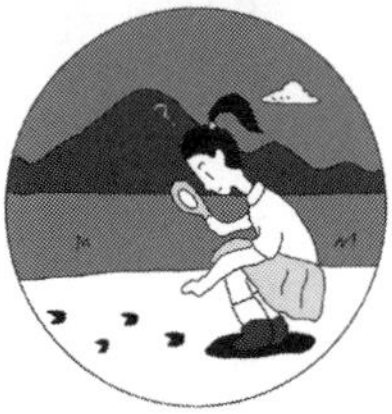

❷見跡

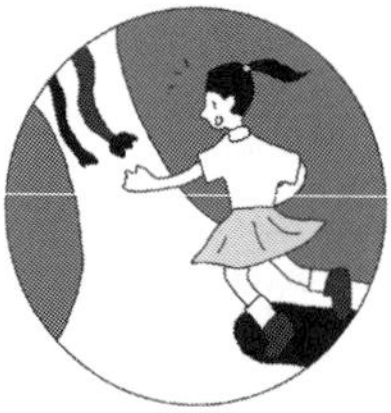

❸見牛

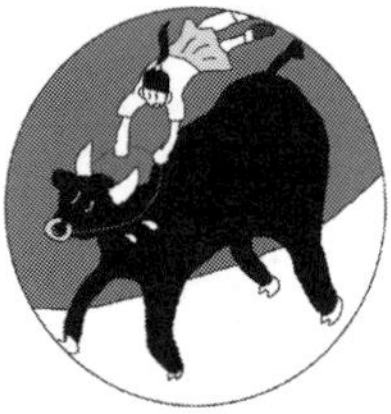

❹得牛

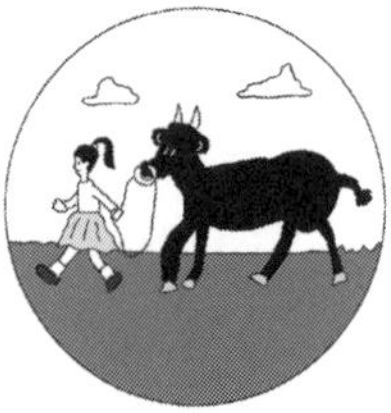

❺牧牛

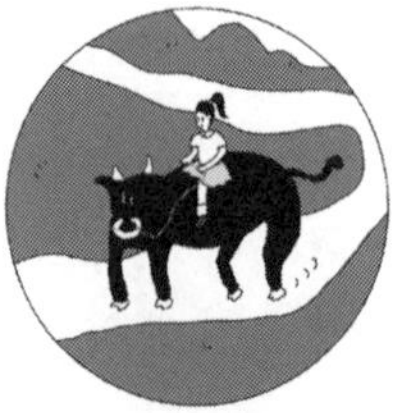

❻騎牛帰家

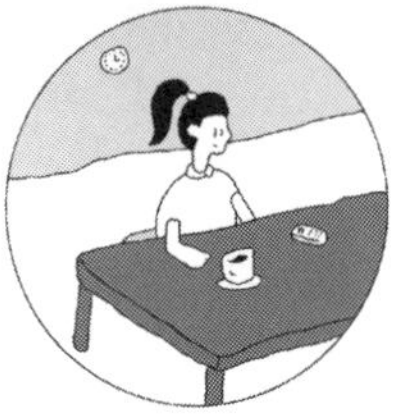

❼忘牛在人

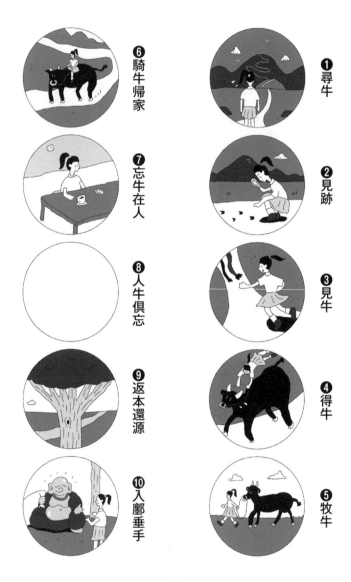

❽人牛倶忘

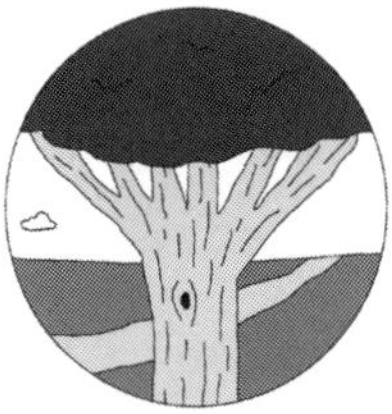

❾返本還源

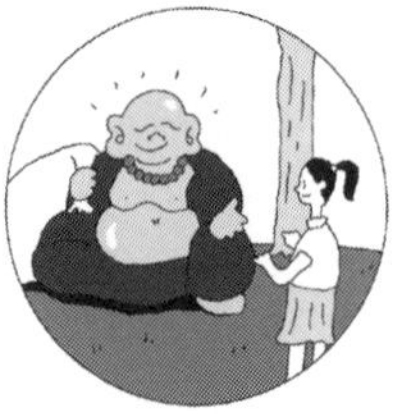

❿入鄽垂手

タカシ：十牛図の最初の絵は尋牛《じんぎゅう》で、牛（＝悟り）を探し求める絵なんだけど、それに至るまでのプロセスは、こんな感じかな。

人によっては、いきなり一瞥体験をして、尋牛の状態になる人もいるけどね。

❶物理的な豊かさを求めて人は努力する。お金、地位、名誉、マイホーム、理想のパートナー、車など。

❷努力や物理的経験則だけでは成功できないと感じて、願望達成や引き寄せの法則、心理学などを学ぶ。

❸前記の①②だけでもうまくいかないことがあるのに気がつき、スピリチュアル的な世界観を受け入れるようになる。ヒーリング、チャネリング、カラーセラピー、タロット、占い、占星術、ヒプノセラピー、過去生リーディング、対外離脱、オーラリーディングなど。

❹①～③をすべてやっても求めている幸せにたどり着かないことに気づき、悟りを求めるようになる。
（④に至る道筋として、③を経験せずに④に行く人もいる）

④が十牛図の1番目の絵「尋牛」の状態なんだ。

ローラ：確かに、私も①から④をたどったわ。

ロータス：私は、③はあまりやらなかったわ。②から④に飛んだ気がするわ。

タカシ：十牛図の2番目は、見跡《けんせき》なんだ。
必死で牛の足跡を探すようになる。いろんな覚者のところで話を聞いたり、禅や瞑想などをして、悟りとは何なのかを探すんだ。

3番目の図は、見牛《けんぎゅう》だ。

牛（=悟り）の尻尾を見つけたんだ。一瞥体験をして、悟りを一瞬、垣間見たことを表しているよ。


4番目は、得牛《とくぎゅう》だよ。

一瞥体験が起こったとしても、その後、抑圧したネガティブな感情が出てきたり、エゴまみれになったりするんだ。今ここの平安（悟り）とエゴが行ったり来たりする状態を表している。


5番目は、牧牛《ぼくぎゅう》。

一瞥体験者の陥りやすい罠は、その体験をもう一度したいと思い、外に求めてしまうんだ。エゴを常にチェックすることによって、平安な状態が少しずつ長くなっていることを牛がおとなしく従っている様子で表している。

次は6番目の絵、騎牛帰家《きぎゅうきか》。

牛（＝悟り）を家に連れて帰るんだね。ようやく、一瞥体験を求めてもしょうがないと気がつき、今ここにくつろぐんだ。エゴをチェックしなくても、すぐに気がつき、今ここの平安が安定してくる。

7番目は忘牛存人《ぼうぎゅうぞんにん》。

家に戻り牛（＝悟り）のことも忘れる。

悟りなどどうでもよくなり、ただあるがままに生きる。

8番目は、人牛倶忘《にんぎゅうぐぼう》。

すべてが忘れさられ、無に帰一する。悟った「私」すらもともとなかったことに気がつき、すべてが空（無）であることがわかる。

9番目は、返本還源《へんぽんげんげん》。

原初の自然の美しさがありありと現れてくる。

本質は「空」なんだけど「色」でもあることが腑に落ちる。

解釈やラベルをつけない自然の姿がリアルにありありと見える。

僕はこの体験をした時、「反転」が起こったと言ったんだ。この宇宙は幻想（ホログラフィー）なんだけど、自然はリアルにあると気がついたんだ。

10番目は、入鄽垂手《にってんすいしゅ》。

悟りを得た修行者（布袋の姿）が街へ出て、童子と遊ぶ姿を描いている。悟りを発信したり、指導したりする。

人によっては、今までと同じ生活をする者もいる。

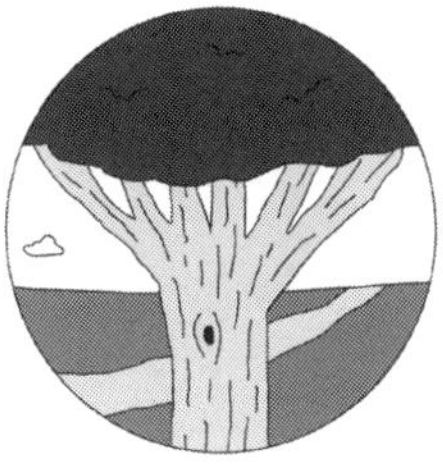

もう一度、十牛図の1番目に至るまでのプロセスを見てほしい。

❶物理的な豊かさを求めて人は努力する。お金、地位、名誉、マイホーム、理想のパートナー、車など。

❷努力や物理的経験則だけでは成功できないと感じて、願望達成や引き寄せの法則、心理学などを学ぶ。

❸前記の①②だけでもうまくいかないことがあることに気がつき、スピリチュアル的な世界観を受け入れるようになる。ヒーリング、チャネリング、カラーセラピー、タロット、占い、占星術、ヒプノセラピー、過去生リーディング、対外離脱、オーラリーディングなど。

②の段階の人は、①の段階の人を見下したりバカにしたりする傾向がある（ただがむしゃらに頑張ったり、物理的な経験則だけでは、成功しないことを知らないとあざけてみる）。

③の段階の人は、②の段階の人を見て、まだ願望実現をやっているのかと見下す傾向がある。非物質世界や転生輪廻の法則に気がつかない人をあざけたりする。

十牛図の10番目までのプロセスをたどった人たちの中でも、次のようなパターンがあるんだ。

A:③を体験していない人は、天使やガイド、過去生などの幻想を信じている人たちがいるから悟りのメッセージも世間的に怪しく見えて、それに触れる機会を失ってしまうんだと見下す傾向がある。それらをすべて幻想だと切り捨ててしまう。

B:③を体験した人は、混乱に陥る場合がある。③の世界観がまったく通用せず、自分が長年やってきたものは何だったのかと虚無感などを抱く場合がある。③の世界観と悟りの世界観を融合するまでに時間がかかる。

どんな段階の人でも、前の段階の世界観を持った人と会話するのは苦労すると思うよ。なぜなら、その人たちの世界観に合わせないと会話がなりたたないからね。

それと同じように、覚者と呼ばれている人たちにも段階があって、僕が会った覚者の中で最も尊敬する人は、日常生活も含めて裏表がない人たちなんだ。

僕の経験によると、十牛図の10番まで行って、A、Bをクリアした人でも、いろいろ問題だと思う人たちがいるんだ。

例えば、集まった一般の人たちには、すばらしいことを言うんだけど、内輪のスタッフや家族にはエゴ丸出しの行為をしたりする人を目撃したり聞いたりしてきた。だから、**その段階まで行った人でも、教祖やグルとしてあがめる必要はない。皆、神であり仏だからね。それらの段階に達した人を尊敬することはOKだけど。**これは、僕の持論だけどね。

ローラ：タカシもいろんな経験をしたのね。

ロータス：タカシの話を聞くと、いろいろ勉強になるわ。

ヒゲ神：まあ、わしの意見も、だいたいタカシと同じじゃ。ただ1つだけ言っておくとしたら、今、タカシが言ったことは、タカシが経験したプロセスから言えることとなんじゃ。

宇宙は無限の可能性があって、これだけが真実とは言えないのじゃ。
別の言い方をしたら、あなたが経験したことだけが真実とも言える。
あなたの宇宙では、あなたの経験しかないからじゃ。

タカシ：ヒゲ神様、わかりました。僕が経験したことだけが真実ではないんですね。でも、あとから歩む人の指標にはなると思って話しました。

ローラ：そうね。タカシの話を聞いて勉強になったわ。

ロータス：私もいろいろ考えさせられたわ。話してくれてありがとう。

悟りはどこにある？

ローラ：嫌になっちゃうわ。全然ダメだわ、私。

タカシ：どうしたんだ、いきなり？

ローラ：せっかく悟ったと思ったのに、十牛図の5番の牧牛で止まっているわ。あと4段階もあって、それから先もあるんでしょ。

タカシ：そうだよ。

ローラ：完全な悟りにたどり着けるのは、いつになるの？

タカシ：もうたどり着いているよ。

ローラ：何言ってるの！　自分で昨日、悟りのプロセスは10段階あると言ったでしょ？　忘れたの？

タカシ：だから、もうゴールに着いているって言っているんだよ、ローラは。

ローラ：何を根拠に、私がゴールにたどり着いているって言えるのよ。若くてかわいい子に嫉妬したり、すぐにイライラするのに。

ヒゲ神：タカシが言いたいのは、相対的な悟りの段階のことじゃなくて、絶対的視点でのゴールのことじゃよ。

ローラ：何ですか、それは？

ヒゲ神：将来に何かすごい悟りがあるというのは、錯覚なんじゃ。

そう思っている時は、イメージした悟りは訪れないんじゃ。悟りのゴールはいつも、今ここなんじゃ。

ローラ：ヒゲ神様、よくわかりません。昨日、十牛図をタカシさんが説明して、悟りに至るプロセスは10段階あるとおっしゃっていたのではないですか？

ヒゲ神：それも正しいのじゃ。しかし、その見方だけでは本質を見逃してしまうのじゃ。

ローラ：私にわかりやすいように説明してくれませんか？

ヒゲ神：タカシは、自分が歩んだプロセスを十牛図にそって話したんじゃ。しかし、過去は幻想で、今しかないんじゃ。

ローラ：それはわかりますけど。

ヒゲ神：しかし、十牛図の話を聞いたローラは未来をイメージしたんじゃ。将来、私も牛十図の10番目の境地にいくはずだと。

ローラ：その通りです。

ヒゲ神：それが問題なのじゃ。

ローラ：どう問題なのですか？

ヒゲ神：悟りは未来にはないからじゃ。

ローラ：でも、今の私の状態は10番目ではないですよね。なのに、悟りは今しか訪れないって、おかしいじゃないですか？

ヒゲ神：それが、おかしくはないんじゃ。こんな話があるじゃろ。

チルチルとミチルの二人の兄妹が、夢の中で過去や未来の国に幸福の象徴である青い鳥を探しに行くのじゃ。

結局のところそれは自分たちに最も手近なところにある家の中の鳥籠にいたという話じゃ。メーテルリンクの青い鳥の物語じゃ。

この物語は、求めている幸福が最も近いところにあるということを象徴しておる。悟りという青い鳥は、家の中の鳥籠にいたというくだりが、「今ここ」を表しているのじゃ。

本来なら、探しに行く必要はない。なぜなら、今ここ（家の中）にいつも悟り（青い鳥）はあるからじゃ。

しかし、仮想現実世界（VRゲーム世界）のストーリーと法則上、探しに行くプロセスは必要なんじゃ。悟りのプロセスを頭だけで知って、完全な悟りはまだ来ないと嘆くのは、愚の骨頂じゃ。

なぜなら、**悟りはあなたの目の前（今ここ）にあるからじゃ。**

ローラちゃん、未来の悟りのイメージを追い求めるのはやめて、今目の前で起こっていることに目を向けるのじゃ。それが近道じゃよ。

ローラ：わかりました、ヒゲ神様。悟りは「今ここ」にしかないのね。

なんか私の「今ここ」には悟りがあるとは思えないけど。

タカシ：ローラ、僕も最初はそんな感じだったよ。とても「今ここ」に悟りがあるとは思えなかったんだ。ところがある経験をしてから、僕は確かに「今ここ」に悟りはあるとわかったんだ。

ローラ：それは、どんな経験なの?

タカシ：痛い思いのおかげで、気がつくことができたんだよ。

痛みの先にあるもの

タカシ：ある日、急に筋トレがしたくなって、夜中に筋トレしたんだ。

翌朝起きてみると、信じられない痛みが右ひじを襲ったんだ。歩いたり横になったりすると、激痛が走るんだ。病院に行っても原因がわからず、途方にくれた。

夜寝られないので、ベッドの上に座っていた時、この世界が幻想なら、痛みも幻想なので、それに気がつくチャンスだとひらめいた。それで、このストーリーを作って痛みを創造している神に対して、こう心の中で叫んだんだ。

「いったい、俺が何をしたっていうんだ。痛みを物理的になくすか、それとも痛がっている私という主体を消し去ってくれ！」

すると、今まで聞いたことのない深淵な声が心の奥から聞こえてきた。

僕はすぐさま、後者のほうだと心の中で答えた。

すると、私という主体は消えて、全一性だけが現れたんだ。そこは静寂で平安な世界だった。

ふと、右ひじに意識を向けると、痛みが現れては消えていくことがわかった。その部分を拡大してみると、実際は起こっているようで起こっていなかったと気がついたんだ。

その瞬間、痛みは幻想だとはっきりわかったんだ。

それがわかっただけでなく、この現象界すべてが幻想だったことも腹の底から腑に落ちたんだ。

現象界で現れるものは、無（空）から現れては消える陽炎のようなものなんだ。

ローラ：そんな経験をしたんだ。いいな、タカシばかりいろんな一瞥体験して。

私は一回だけだわ。

タカシ：いいってものじゃないよ、3日間激痛で寝れなくて、トイレに行くのもままならないぐらい痛かったんだから。

今でも右手にしびれが少し残っているんだ。できればそんな経験はしたくないよ。確かに、このことに気がつけたギフトはあったけどね。

ローラ：そんなに痛かったのね、確かにそんな痛みは願い下げだわ。一回、一瞥体験できただけでも、ＯＫとするわ。

赤ちゃんは悟っているのか

ローラ：先日、悟りを発信している人のお話し会に参加したの。そこで赤ちゃんの時は分離がなくて皆、悟っていたと言っていたわ。それってどういうこと？以前、そんな話を聞いたことがあったけど、改めて疑問が出てきたの。

タカシ、わかる？

タカシ：それはこういうことだよ。

ローラが赤ちゃんの時は、言葉も知らず、「私」が誰かもわからず、ただ世界を眺めていただろ。自分という自我もなく、「私」もなかったよね。

ローラ：確かに赤ちゃんの時は、言葉も知らず、私が誰かも最初はわからなかったわ。なぜ人間は最初は悟っているのに自我を作って、悟ろうとするのかな？神様がいたら、悟ったままでいさせてくれたら楽なのに。意地悪だわ。

タカシ：僕もそのことで以前、悩んだことがあるんだ。なぜ、そんなめんどうなプロセスを歩むのか疑問だったんだ。赤ちゃんのほうが悟っているから、赤ちゃんの時に戻りたいと思ったこともあるよ。

でも、ある時、気がついたんだ。そのプロセスを体験したかった自分がいることにね。

ヒゲ神様、そこらへんのところをうまく説明してくれませんか？

ヒゲ神：いいじゃろ。実はこういうプロセスをたどる者が多いんじゃ。

❶生まれたばかりの赤ちゃん
空：100％　色：0％
❷幼少期から小学校高学年
空の％が少なくなって、色の％が徐々に大きくなってくる
❸中学生から大人
空：0％　色：100％
❹一瞥体験中
空：100％　色：0％
❺一瞥体験が終わった後
空：0％　色：100％
空の記憶はあり、「空：100％　色：0％」を行ったり来たりする。

❻空と色が統合されると
空：100％　色：100％

十牛図でいうと、④が8番目の「人牛倶忘」で、⑥が10番目の「入鄽垂手」にあたる。

悟りを発信している人たちの中で、④の段階の人たちも結構おるぞ。一瞥体験中が長く続く人は、それがわからず、⑤になってエゴや抑圧した感情が出てくることによって、それに気がつくのじゃ。それらをクリアした後、⑥の段階となるのじゃ。

①と④の違いは、空が100％なのは同じじゃが、④の人は、空の内容を言葉で発信できる点が大きな違いじゃ。

④と⑥の違いは、④の段階の人は、色100％の人の悩みに寄り添うことができないが、⑥の段階の人は、色を100％受け入れているので、寄り添うことができるのじゃ。

例えば、悩みを抱えている人が相談する場合、④と⑥の人の答えは、こんな感じじゃ。

悩みを抱えるAさん：私は今、ガンになって、余命半年と医者から宣告されました。痛みも激しいです。どうすれば、病気が治り、あなたみたいに楽になれるでしょうか？

④の段階の人の答え：病気も痛みも幻想です。実際にはないのです。ただ起こることが起こっていて、そこにガンだとか、余命半年だとかいうラベルを貼るから苦しむのです。そして、苦しむあなたもいないのです。実際には、見える現象すべて起こっていません。

⑥の段階の人の答え：それは大変ですね。私も親戚にガンの人がいたから大変さを少し知っています。どこらへんが一番辛いですか？

悩みを抱えるAさん：放射線治療で髪が抜けたのも辛いですが、一番辛いのは、激しい痛みが襲ってきた時です。

モルヒネをもらってやわらげるしか方法がない点です。まだやりたいことがたくさんあるのに、こんな若くして死ぬなんて神様は残酷です。私は何も悪いことをしていないのに。

⑥の人: そうですか、一番辛いのは、激しい痛みと理不尽な境遇ですね。

Aさん: そうなんです。痛みがなくなり、長く生きられるのなら、ガンと共存してもいいと思っています。なぜ、私にこんなひどい罰が与えられるのかわからないのです。

⑥の人: 信じられないかもしれませんが、その体験をすることによって深い気づきがあり、宇宙の真理が得られるため、生まれる前に勇気を持って選んできたのです。

今はそれが理解できなくても、死を受け入れると、それが開示され、この現実が夢の世界だったと気がつかれるでしょう。その時、深い癒しが起こり、すべてが理解できるでしょう。

ヒゲ神：④の人の答えと⑥の人が最後に言っていることは、同じことを指しておるぞ。④の人は相手に寄り添わず結論だけを答えておる。⑥の人は、相手の立場に立ち、共感してあげて、理解しにくいことは最後にさらりと伝えておる、そこが大きな違いじゃ。

また、⑥の人のほうが慈悲のエネルギーを感じるじゃろう。

ローラ：ヒゲ神様、ありがとうございます。モヤモヤが晴れました。

タカシ：そうだったんですね。僕もモヤモヤが晴れ、スッキリしました。今まで、④の段階の人と⑥の段階の人の区別がつかず、モヤモヤしていました。ヒゲ神様、ありがとうございます。

第5章
地球を救う!

この本に物申す！

キヨシ：この本は何なんだ！　スピリチュアルなことを書いているかと思えば、悟りのことを書いていたり。

だいたい非二元を語っているやつが、なぜ救う必要もない「地球を救う」と主張しているのだ。

タカシ：またこの本に文句を言う人が現れたな。やっかいだからスルーしようと思ったけど、とりあえず3つの視点から答えるね。

【1つ目】この本は何かを主張している本ではありません。僕（タカシ）が表したいものを表現しているだけです。

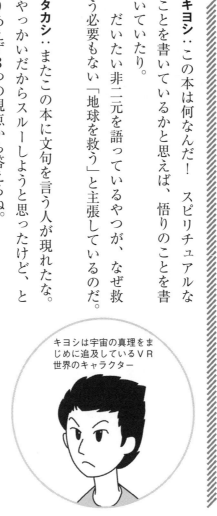

キヨシは宇宙の真理をまじめに追及しているVR世界のキャラクター

【2つ目】スピリチュアル的な事柄や悟り、非二元について書いていますが、それぞれ興味のある人に必要なメッセージが届けばいいと感じています。

【3つ目】「地球を救う」と主張しているのは、ただ平和な星（地球）になってほしいと願っているだけです。非二元的な視点からすると、救う地球も人類もいないということですが、日常の私たちの目線では地球も人類もいると考えています。

まあ、こんなことかな。

キヨシ：ふーん。何だか丸め込まれたような気がするが、僕は宇宙の究極の真理が知りたいんだ。こんなわけのわからない本に付き合っている時間はないんだ。

チューリップ：キヨシさん、いくら時間をかけても、そんなのは見つからないわよ。

キヨシ：なんだ、この生意気な女は。見つからないとはどういうことだ！

チューリップ：見つからないから、見つからないと答えただけよ。

ローラ：私はキヨシさんの気持ち、よくわかるわ。宇宙の究極の真理を見つけたいという気持ち。私も以前はそうだったから。

チューリップ：だから、それはないのよ。

ローラ：でも、私が一瞥体験した時、それを発見したわ。

チューリップ：それは、まだ浅いのよ。

ローラ：何が浅いの？

チューリップ：ローラは、私がもともといなかったという一瞥体験をしていないでしょ？

ローラ：してないわ。それがどうかしたの？

チューリップ：その体験をすると、宇宙の究極の真理さえも、もともとなかったとわかるわ。

タカシ：僕が言いたかったのは、まさに、チューリップが言ってくれたことだよ。
僕も究極の宇宙の真理がどこかにあると思っていたんだ。
1度目の一瞥体験の時、僕はそれを発見したと感じたんだよ。
2度目の一瞥体験の時も、そうだった。
ところが、3度目の一瞥体験の時、僕が抱いていた内側の世界が崩壊したんだ。
私はどこにもおらず、僕の魂もなく、神もいなかったんだ。
ただ、全体があるだけで、どこかにすがる軸もなかったんだ。

キヨシ：何わけのわからないことを言っているんだ。僕は一瞥体験なんてしたこともないし、それをどれだけ求めてもダメだったんだ。そんな人の気持ちなんか、タカシやチューリップにはわからないだろうよ。

チューリップ：私はキヨシさんの気持ち、痛いほどわかるわ。タカシに先を越されて、私には一生、そんな体験は起こらないと思っていた時期があるから。

キヨシ：チューリップさんにも、そういう時があったんだ。

チューリップ：そうよ。誰でもそんな時期はあると思うわ。タカシが言ったようなことが腑に落ちるには、人によって早いか遅いかの違いだけだと思うわ。

タカシ：そうなんだ。キヨシさん、僕も君みたいに思っていたことがあるんだ。経験を重ねていくうちに、今言ったようなことがわかってきただけだよ。

3度目の一瞥体験で「私がいなくて、魂もなく、神もいない」と体感したのは、その時点で僕が深く気づいたことなんだ。

悟り（気づき）が深まってくると、そのことだけでなく、包括的な視点が出てくるので、「私がいて、魂もあり、神もいる」という表現も可能になるんだ。

夢を追う人、夢を遊ぶ人

ローラ：私の夢はいつかなうのかな？

チューリップ：ローラは、八方美人だわね。真理を獲得するには、夢なんか追っている場合じゃないわ。

ローラ：いいじゃないの、夢を追いかけても。

キヨシ：チューリップさんの言う通りだ。まじめに悟りの探求をすべきだよ。ある悟りのメッセンジャーが、「夢や希望を提供している場所に真理はない、それは今ここからはずれる行為だ」と言っていたよ。

ローラ：え！　そうなの？

タカシ：そうだよ。だけど、僕の考えはちょっと違うんだ。

ローラ：どう違うの？

タカシ：確かに悟りを追及する時は、夢を追いかけていると本質を見逃すよ。その行為が邪魔になることがあるんだ。
　しかし、夢を今ここにイメージして、その感覚を楽しめばＯＫだと思うよ。問題なのは、夢を未来にイメージして、それを追いかける行為なんだ。

ローラ：そうなの。私はパラレルで行きたいわ。悟りも夢もどちらもあきらめられないから。

キヨシ：まあ、僕にはよくわからないけど、好きにすればいいや。

チューリップ：タカシの話を聞いたら、私もどちらでもよくなったわ。ローラが好きなようにすればいいと思うわ。

タカシ：僕はそれぞれの人が興味を持ったことを、楽しんでやればいいだけだと思うんだ。

ヒゲ神：わしもタカシの意見に賛成じゃ。

今ここに、すべてがあるんじゃ。

何に興味をフォーカスするかは、キャラクターの個性や目覚めの段階で違うだけじゃ。

だから、目覚めのどの段階にいる人でも、完璧で、問題はないのじゃ。

キヨシ：ヒゲ神様、問題はないと言われても、僕は毎日苦しいので、早く真理を獲得して、楽になりたいんです。何とかなりませんか？

ヒゲ神：苦しみの奥を見るのじゃ。なぜ、キヨシは苦しいのじゃ？

キヨシ：毎日が地獄です。行きたくない会社に毎日行き、嫌な上司にこき使われるんです。

家では借金をすぐにする家族がいて、僕は借金を返すために生きているようなものです。会社にいても家にいても、安らぐ場所がありません。

ローラ：それは大変ね。そんな環境なら私も嫌になっちゃうわ。

チューリップ：どんな環境でも抜け出す道はあると思うわ。問題は、外の環境を見るのではなく、キヨシさんの心の中を見る必要があるわ。

タカシ：僕もチューリップの意見に同感だよ。以前、僕も境遇は違うけど、毎日が地獄だったんだ。
ある日、外の環境を見るのではなく、自分の心を見たんだ。
なぜ僕はいつもこういう反応をするのか？　自分の心の中を見ているうちにあることに気がついたんだ。

キヨシ：それは、何ですか？

タカシ：一日中、「自分はこんなんじゃダメだ」と心の中でつぶやいていたことに気がついたんだ。自分のエネルギーをダウンさせることを一日中、言っていたことに驚いたよ。

キヨシ：僕も当たり前のように、心の中でつぶやいているよ。だって、本当にそうなんだから。

タカシ：そこが問題なんだよ。外の環境が悪いからって、わざわざエネルギーが落ちる言葉をつぶやく必要はないんだ。それを言わないだけで、だいぶ楽になったんだ。

キヨシ：確かに、自分を傷つける言葉をつぶやく必要はないな。

チューリップ：私も思考を観察していた時、それに気がついたわ。自分はダメだと一日中つぶやいていたのを発見した時、あぜんとしたわ。

ヒゲ神：そこに気がつくのが地獄から抜け出す第一歩じゃ。タカシはそれに気がつくことでスタートをきれたのじゃ。

キヨシ：それをやめるだけで、少しは楽になる気がしてきました。明日からやってみます。

ヒゲ神：重要なのは、今ここからスタートすることじゃ。明日からと言っていては、すぐにそれを忘れて、今までと同じことを繰り返すぞ。**今ここで、思考にとらわれていなかったら、◎じゃ。逆にとらわれていたら×じゃ。**

常に今ここで、それを確認してみなさい。
地獄から天国に行くポイントはこれなんじゃ。

出来事に対する多層的な理由

ローラ：「今ここで完璧」という言葉を聞いて、人は何のために意識（魂）の成長をするのかわからなくなったの、誰か教えてくれない？

チューリップ：意味など何もないわ。私が一瞥体験した時に世界に意味はないと確信したの。

ロータス：私も一瞥体験をした時に、驚愕したわ。私自身がいないんだもの。世界はただあるだけで、意味などないとその時理解したわ。
でも、それを知ってから少し寂しい気もしたわ。

キヨシ：僕は、悟ることが生きる目的だと思っているよ。だって、悟らなければ、チューリップちゃんやロータスが言っている意味もわからないもの。僕も早く一瞥体験とやらがしたいよ。トホホ。

ローラ：一瞥体験者は、確かにチューリップちゃんやロータスちゃんのように言うわ。でも、私はそれだけじゃないとどこかで感じているの。そこがモヤモヤの点なのよ。ヒゲ神様、うまく説明してくれませんか？

ヒゲ神：例えばローラにイケメンの彼氏ができて、大喜びした出来事が起こったとしよう。この時ローラは、この出来事をどうとらえるかな？

ローラ：そりゃ、イケメンの彼氏ができたので、いい出来事が起こったと思うわ。

ヒゲ神：ところが、しばらくすると、その彼氏は結婚詐欺師で、ローラはお金を騙し取られたとしよう。この出来事はどうとらえるかね？

ローラ：最悪の出来事だわ。身も心もボロボロよ。

ヒゲ神：この出来事に対して多くの人は、ローラと同じ解釈（意味づけ）をするじゃろう。しかし、もっと広い視点で物事をとらえるとどうじゃろう。その経験をしてローラにどんな気づきがあったと思うかね？

ローラ：男には騙されないようにしようと思うわ。特にイケメンで優しい人には。でも、騙され裏切られた人の気持ちがわかるから、その人たちを慰めることもできるわね。

ヒゲ神：そうじゃな。そういう学びもできたということにもなる。

もう1つ上の視点で見てみると、ローラはこの人生で「ゆるす」ということで愛を学ぼうとして生まれてきたことを思い出す。

その視点だと、この出来事はなくてはならない出来事だといえる。「ゆるす」ことを学べた貴重な体験となるのじゃ。

ローラ：ゆるせない相手をゆるすことは、究極の愛かもしれないわね。確かにそれを学べたら、その出来事はありがたい出来事に変わるわ。

ヒゲ神：そうやって1つの出来事には多層的な理由が隠れておるのじゃ。見る視点が上がれば上がるほど深い理由が出現する仕組みになっておる。そして、究極の視点が、チューリップやロータスが言っておる視点じゃ。この世界自体が幻想で被害者も加害者もおらず、ただ平安だけがあることに気づくのじゃ。この視点は出来事に対する意味づけを超えた視点じゃ。

ボク：ボクがそのような仕組みを創ったんだよ。**どの理由が正しいとか間違っているとかじゃないんだ。出来事に対する理由は多層的になっているんだよ。どの答えで納得するかは、人（キャラクター）それぞれの意識段階によって変わってくるんだ。だから、あなたが納得できる理由を選べばいいんだよ。**

ローラ：ヒゲ神様、ボクさん、ありがとう。スッキリしたわ。そういうことだったのね。

2つの目覚め

タカシ：数年前、僕は幽体離脱したくて、へミシンクに夢中になった時期があるんだ。ワークショップに参加したり、いろいろ試してみたんだ。そして非物質の世界は存在すると確信したんだ。

ローラ：タカシはいろんなことをしているのね。
ヘミシンクのことは以前もちらっと聞いたことがあるけど、非物質の世界を科学的に解説している感じがするので現代人は納得しやすいかもしれないわね。

キヨシ：ある悟りのメッセンジャーの話を聞いたのだけど、人は亡くなったら空に戻るだけで、霊界なんてないと聞いたよ。だから非物質の世界なんて人間の空想だと思うんだ。

チューリップ：私の知っている外国の覚者は、霊界はあって、人は何千回、何万回と生まれ変わっていると言っていたわよ。誰が言っているのが正しいのか、私もわからないわ。でも、世界は幻想なんで、どちらでもいいけど。

タカシ：僕もいろいろな一瞥体験者や覚者から話を聞いて、何が正しいのかわからなくなった時期があったんだ。でも、今はスッキリしていて、276ページの図の説明を聞いたら納得すると思うよ。

ローラ：では、私にわかるように説明してみてよ。

タカシ：了解。次のページの非二元の概念図は、わかりやすくするために一元(空)と二元(色)を別々に分けて書いてみたよ。

本当は、一元も二元も分離していないんだけどね。

図の右側が二元の世界を表している。

二元とは、私と世界が分離して見えて、いろんな個が存在している世界のことだ。

宇宙は広いけど、地球だけに着目する。地球には物質世界だけでなく非物質の世界があって、ヘミシンクを発明したロバート・モンローをはじめ多くの霊能者がその世界の存在があることを伝えている。

(フォーカスレベルについては、いろいろなサイトで解説しているので、ここでは省く)

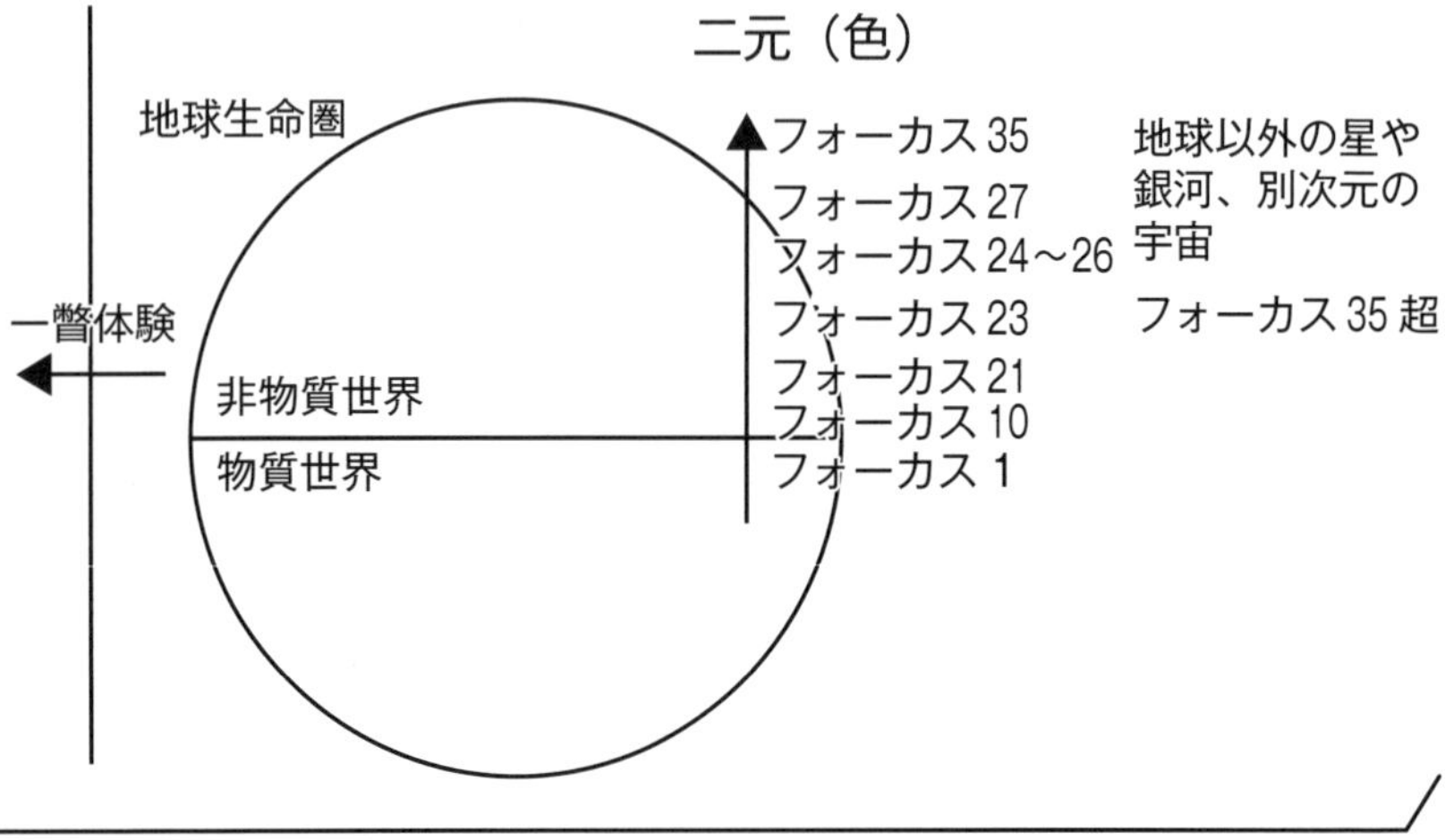

●フォーカス 1
目覚めた普通の意識状態
●フォーカス 10
肉体は眠り、意識は目覚めている状態
●フォーカス 21
物質世界と非物質世界との境界
●フォーカス 23
物質世界とつながりが切れないでいる人々の領域
●フォーカス 24～26
同じ信念の魂が集まって集団として生きている領域
●フォーカス 27
輪廻転生の領域
●フォーカス 35
地球生命系内の領域
●フォーカス 42
銀河系内の領域
●フォーカス 49
銀河系を超えた領域

※フォーカスレベルは、ロバート・モンローの説より

非二元の概念図
（色即是空・空即是色）

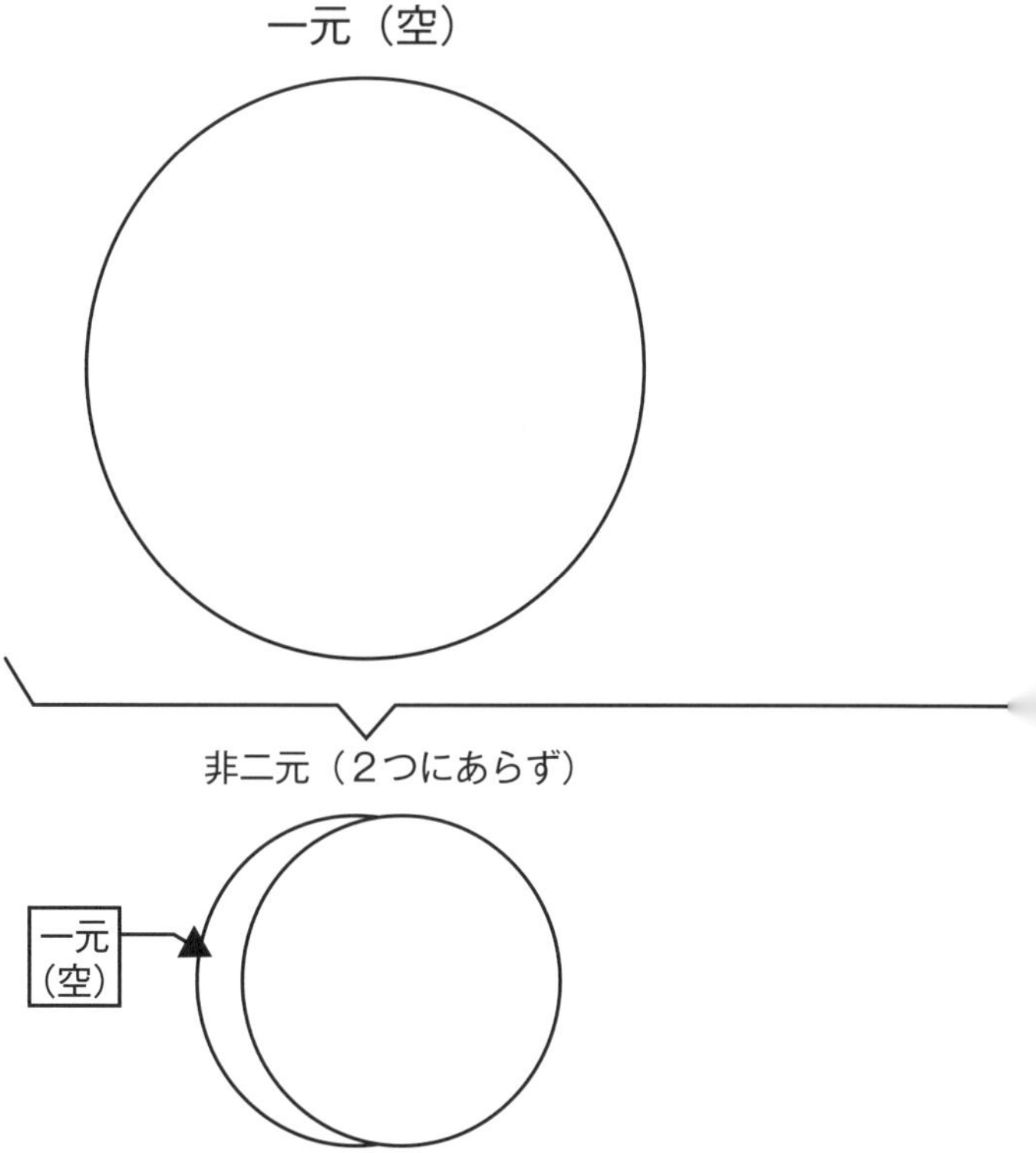

非物質世界では波動が上がる（フォーカスレベルがアップする）につれて、天使やガイドと呼ばれる高次元の光の存在の領域になっていく。そして個が薄れていく。

人の意識が上昇していくと、肉体が死を迎えると高い領域に行き、反対にエゴが強かったり、ある信念にとらわれたりしていると、低い領域にとどまることになる。

スピリチュアルで言われている「目覚め」や「覚醒」は、人の意識が上がって、フォーカスレベルが高くなる現象を言っている場合が多く、アセンションという言葉も二元世界での次元上昇のことを言っているんだ。

でも、僕が言っている「目覚め」や一瞥体験は、それらの世界からの目覚めなんだ。個が認識できる（非物質世界も含む）世界から目覚めると、空があるだけだとわかるんだ。そこに永遠の平安があり、完璧で、「ただあるがある」ということがわかる。そこには主体も客体もなく、有や無というのを超えたところなんだ。

そこから見ると二元の世界は幻想だとわかる。私たちが体験している現象世界は「起こっているようで起こっていない」と言えるんだ。

ローラ:なるほど、わかりやすいわね。

でも、二元の世界は幻想だとすると、本当はないのね? 私たちはないのにあると思って生きているのかしら。生きている意味があるのかな? 何のために意識(魂)の成長があるのかしら?

ヒゲ神:ローラの言っていることは正しい。この世界はバーチャルリアリティー(仮想現実)だから、本当はないんじゃ。しかしVRの世界では法則があり、人や動物、植物、いろんなものが生きている。それは否定できない事実じゃ。

ボク:この世界はボクが創ったVRゲーム世界で、現実には存在していないよ。でも、VRゲームをボクがスタートさせたら、その世界はリアルに存在していて、海も山も、鳥も人もちゃんと存在しているんだ。

VRゲームの世界(二元の世界)の法則は無数に作成し、その世界を楽しめるように創造したんだ。転生輪廻の法則もそのうちの1つだよ。

だから、キヨシが聞いた悟りのメッセンジャーの話も、チューリップが聞いた外国の覚者の話も、どちらも合っているんだ。

どの視点から見るかによって、表現が変わってくる。VRゲーム世界では、あるキャラクターが死を迎えると、その世界から消滅（空に還る）する（VRゲーム世界に映し出す必要がないので）。しかし、まだ生きているVRキャラクターの住人が死者の霊を呼び出したら、死んだキャラクターはちゃんと霊界に存在していて、会話ができる仕組みになっているんだ。

また、前世の記憶を持った子供たちも生まれてきて、その話をすることがあったり、ダライラマのように何度も生まれ変わってその役割を果たす魂もあるんだ。そういう仕組みをボクが創ったんだよ。


一瞥体験とは、VRゲームのキャラクターたちがボクの意識（大本の意識）に一瞬立ち返った時に起こる現象なんだ。世界が幻想だとわかり、この世界で何があっても大丈夫だとわかっている意識だね。

そして、たくさんあるように思っていた人や物は、すべてボク（神＝空）だったと思い出す体験でもあるんだ。これを「私に還る体験」とか「本質への目覚め」などと覚者や悟りのメッセンジャーは呼んでいるよ。

ローラ：ヒゲ神様、ボクさん、ありがとうございます。わからなかったことが整理できました。

なぜ人は病気になるのか

ローラ：私の叔母が末期のガンだって、先日知ったの。もう嫌になっちゃうわ。とってもいい人で、悪いことなんか何もしていなかったのに。なんで神様は、あんないい人に罰を与えるの？

チューリップ：神様は、誰にも罰なんて与えていないよ。

ロータス：ローラちゃん、それはショックね。
以前、正直に人のために生きていた人が若くして乳ガンになり、しばらくして亡くなったの、その女性は、ガンになってもとても前向きに明るく生きていたのに。その時は本当にショックで、悲しかったわ。

ローラ：ロータスさんにも、そんな経験があるのね。やっぱり、神様に聞きたいわ。
なぜいい人ばかりに理不尽な苦難を与えるのか？

タカシ：僕もこの内容については、何十年も考えたよ。なぜ善なる神がいるのなら、こんなに悲惨なことを放っておくのか？　生まれたばかりの子供が餓死したり、無垢な子供が重い心臓病で亡くなったりするのか？
数百冊の本を読んで、いろんな先生に話を聞いたり、聖者、覚者に聞いても、納得する答えは得られなかったんだ。

ローラ：やっぱり、タカシもそのことについて徹底的に考えたのね。

それで、最終的に答えは出たの？

タカシ：出たよ。でも答えるのは難しいんだ。

ローラ：答えが出たなら、早く教えてよ。

チューリップ：そうよ、もったいつけないで、教えてよ。私も知りたいわ。

タカシ：答えには、大きく分けて3つあるんだ。

【1つ目の答え】 魂のレベルを上げるため、病気という苦難を与え、それを体験することで多くの人の苦しみが理解でき、共感できる。
（転生輪廻が前提となっている答え）

【2つ目の答え】 起こることが起こる。そこに意味も目的もない。起こる現象に

解釈をつけたりラベリングをやめて、起こっていることをリアルに見ると、ただ現象が起きているだけ。

（ノンデュアリティ的視点の答え）

【3つ目の答え】○○○○、それが現象化した。

チューリップ：1、2の答えはどこかで聞いたことはあるわ。3番目の答えは何よ？　早く「○○○○」を教えなさいよ。

タカシ：悪いけど、これは教えられないんだ。この答えを突きつけられた時、驚愕して、卒倒しそうになったから。1、2の答えでは腹の底まで納得できなかったけど、3番目の答えでやっとすべてが腑に落ちたんだ。

ローラ：そんな驚愕の答えだったの。ますます3番目の答えが知りたいわ。

タカシ：これはボクちゃんに答えてもらったほうがいいね。僕が言うとウソっぽく聞こえるから。

ボク：ボクも答えにくいけど、起こしたくて起こしたんだ（プログラミングしたんだ）。正確に言うと、病気という経験を体験したくて、そうしたんだ。

ローラ：やっぱり、神様は怖い神だったんだわ。神様が病気にしたなんて、なんて理不尽な。神も仏もあったもんじゃないわ。

チューリップ：ボクちゃん、いいかげんなこと言いなさんな。あなたは、そんなに愛がなかったの？　愛の神だと言っておいて。

ヒゲ神：わしから、詳しく説明する。
タカシが発見したのは、神意識（＝ボクの意識）になった時じゃ。
自分自身が、病気や痛みを作り出していたことに驚愕したんじゃ（正確に言うと、病気も痛みも起こってはいないんじゃ、世界全体が幻想なんじゃ。そこに究極の救いがある）。

それは、通常意識だと到底受け入れられないことじゃ。しかし、神意識になると、深く納得する。

それだけではなく、今までの人生は完璧で、すべてが○だとわかるんじゃ。また、神とともにいつも歩んでいたことにも気がつき、苦しい時、辛い時、一緒に苦しんでくれていたこともわかり、号泣する。

その時、初めて愛の神だったとわかるのじゃ。

通常意識で答えを聞くと、理不尽な神や、怖い神に感じる。だから、旧約聖書にはそんな神も登場するんじゃ。

新約聖書になり、本来の神の姿＝愛の神が登場するのも、そのためじゃ。

ローラ：少しわかった気がするわ。でも、私は1番の答えのほうが納得できるわ。自分自身が病気を作り出したなんて、思いたくないもの。特に叔母さんがガンになったことも、叔母さんが望んでそうなったとは、とても思えないわ。

チューリップ：私は、2番の答えのほうがスッキリするわ。ただ現象としてそれが起こっただけで、そこに解釈というストーリーを付け加えるから、よけい苦しむのよ。

ヒゲ神：1〜3のどの答えも正解なんじゃ。ただ答える視点が違うだけ。

重要なのは、あなたがどの答えで今、納得できるかじゃ。

ローラ：ヒゲ神様、ありがとう！　私が納得できる答えを胸にしまっておきます。

チューリップ：私はまだ、すっきりしないわ。3番目の答えが気になるわ。

キヨシ：僕がこんなに苦しんでいるのに、病気は僕が望んで作ったというのか？ああ、この本、読むのやめるよ。いいかげんにしてくれ！　頭のおかしい人たちに付き合っちゃいられないよ。

ロータス：キヨシさん、もう少しこの本と一緒に生活すると、楽になってくると思うわ。この本で言っていることは、最初は受け入れられないと思うけど、皆、最初はそうだったのよ。

ローラ：そうよ、キヨシさん、ここで去ったら、もったいないわ。ちょっと我慢して残ってみてよ。

キヨシ：お二人がそう言うなら、まだ読んでやるとするか。

ローラ：ああ、よかった。キヨシさんって、よく見るとイケメンだから、残ってほしかったの。

キヨシ：え！　僕イケメンなの!?　初めて言われたよ。なんか知らないけど、うれしいよ。とにかくまだ、この本を読むことにするよ。

誰にでも役割がある

ボク：ボクがこの世界（ＶＲゲーム世界）を創った時、登場するキャラクターたち、それぞれに目的を持たせたんだ。例えば、

- 目に見えない世界から情報を受け取り、人に伝えることで喜びを感じるチャネラータイプの人、
- 人の心と体を癒したいと強烈に思う、ヒーラータイプの人、
- 手相がとにかく好きで、世界中の人の手相を見てあげたいと思う人、
- 地球を救いたい（世界平和実現）と強烈に思っているタイプの人、
- 常識を取っ払えば魔法が使えると、多くの人に発信したい講演家タイプの人、
- お茶を入れてあげることで、ゆったりほっこりした時間を提供したいと強烈に思う人、
- 歌や踊りなどのパフォーマンスで、人の心を豊かにしたいと思う人、
- 絵や文章などの創作活動で、世の中に発信したい人、

▩すばらしい料理を提供することで、人に喜んでもらいたい人、
▩政治で世界を変えたいと強烈に思う人、
……本当にさまざまなんだ。
だけど、共通するゴールがあるんだ。
それは、**あなたが、心から一番したいことをやると、皆がハッピーになり、それが地球を救うこと（VRゲームの目的）になるんだ。**
皆が心からしたいことを発見して、それを恐れずにしてほしいんだ。

ローラ：ボクちゃん、それはわかったわ。
でも、心からやりたいことがわからない人はどうするの？

キヨシ：そうだよ。僕も何が心からしたいかわからないよ。

ロータス：最初は、何でもいいからワクワクすることをやってみることね。

キヨシ：じゃあ、会社をやめて、海外旅行に行っていいのかな。
でも、会社をやめると生きていけないし、やはり無理だね。

タカシ：キヨシ君、それが問題なんだ。

キヨシ：何が問題なんだよ、当たり前のことを言っただけじゃないかー。

ロータス：タカシが言いたかったことは、「会社をやめると生きていけない」という考えが問題だと言ったのよ。
本当に今の日本で、会社をやめたら死んでしまうかな？

キヨシ：確かに言われてみれば、会社をやめてもしばらくは失業保険があるし、生活保護もあるから、死なないか？
でも、家賃が払えなくなるから、やっぱり無理だよ。

ロータス：本当に餓死することと、無理って思うこととは違うと思うわ。

キヨシ：確かに、餓死した人なんか、この日本でほとんど聞かないから、すぐに死ぬことはないかな。

ロータス：そうよ、そこよ。今までキヨシさんは、会社をやめたら生きていけないと言っていたけど、現在、キヨシ君が維持している生活ができないと思っているだけでしょ。

キヨシ：確かにそうだね。

ロータス：だから、会社をやめても、死にはしないのよ。ただ今の生活レベルが維持できなくなるかもしれない恐れがあるだけよ。

キヨシ：そうだね。そんなこと今まで考えたこともなかったよ。

ロータス：海外旅行に行きたかったら、行けばいいだけよ。帰ってきても、飢え死になんかしないわ。

キヨシ：そうか、僕は恐れていただけだったんだ。恐れを捨てれば、確かに海外旅行に行くぐらいのお金はあるし、会社をやめれば行けるね。

あれ？　よく考えたら、有休申請すると上司に嫌な顔をされることを恐れていただけだったよ。その恐れも捨てたら、有休取って会社をやめずに海外旅行に行くことも可能だよ。

なんだ、僕、行けるじゃないか。

ロータス：すばらしいわ、キヨシさん。こんな短時間で、そこに気づいたなんて。

タカシ：キヨシ君、そう思ったのが吉日で、実際に行動に移せば、恐れていたことが起こらないことに気づくと思うよ。

それどころか、海外に行けたことで世界観が広がり、別のやりたいことが見つかるかもしれないんだ。

問題は、恐れが幻想だと気がつかないことなんだ。

自分が、あることを恐れていることすら気がつかない場合が多い。常識を疑ってみることによって、それに気がつくんだ。

キヨシ：なるほど、確かにそうだよ。とにかくやってみるね。

まずは、明日、有休申請してみるよ。

ロータス：すばらしいわ、応援するわね。

ローラ：私も応援するわ。絶対、行けるから。お土産もよろしくね。

キヨシ：美女二人に言われると、俄然、行く気になったよ。何だかワクワクしてきたよ。お二人にお土産買ってくるね。

タカシ：おいおい、それはないだろ、僕にはないのか？　お土産。女にだけあげるなんて。

キヨシ：しょうがないな、タカシにも買ってくるよ。

タカシ：ありがとう！

ローラ：やった。ところで、キヨシ君はどこに行きたいの？

キヨシ：常夏の島だね。会社も仕事も忘れて、ヤシの木の下で海をぼんやり見たいんだ。できれば、現地で知り合った美女とロマンスを楽しみたいな。

ロータス：それなら、ハワイがいいと思うわ。ハワイは最高のパワースポットよ。

ローラ：そうね。私も賛成！

キヨシ：ハワイなんて、誰でも行くようなところ行きたくないな。あまり知られていない神秘の島がいいよ。

タカシ：それなら、サモアの島にでも行ったら？　そんなに行ったことある人いないし、日本からも遠くないよ。綺麗なビーチもあるし。

キヨシ：いろいろ情報ありがとう。僕なりに調べて決めるよ。本屋に行って調べようと思うだけで、ワクワクしてきたよ。

救世主は誰なのか

ローラ：最近、救世主とかメシアという言葉が気になるの。

チューリップ：聖書には救世主が現れると予言されているわね。

タカシ：僕が読んだ本によると、聖書に書かれている救世主は人物のことではなく、すべての人の心の中に救世主はいるって書いてあったよ。

ローラ：そうなのかな？

タカシ：最近、知り合った方の息子さんが、ヒゲ神様が言っていた簡単に悟る方法を実践したそうなんだ。数日後に、思考と思考が格闘していたことに気がつき、今までにない幸福感を感じたそうだ。

1週間後には、思考に騙されていたことがはっきりわかり、笑いがこみあげる体験が起こったそうなんだ。

僕も、そんな体験があるんだ。その時、僕は気がついたんだ、本に書かれていたことはこれのことだったのかと。

思考に気がついている「何か」に気がつくと、自分の本質に出会えるんだ。そこが僕たちの故郷で、永遠の幸福がある場所だとわかるんだよ。

外に外に求めていた幸福は、今ここにあることに気がつき、思考の奴隷から解放されるんだ。
その時、救世主は自分自身だったと気がついたんだ。
今の時代、誰でもそれに気がつきやすい環境が整っていると感じるんだ。だから、その息子さんも短期間で気がつかれたんだと思うよ。

ローラ：そうなのね。私もタカシの話、何となくわかるわ。

チューリップ：私も悟りの修行をしていた時、それに気がついたわ。わかってみたらバカみたいなことなのに、長年わからなかったのよ。

キヨシ：僕も早く、皆さんみたいに気がつきたいよ。思考に気がついている何かって、ハイヤーセルフのことを言っているのかな？

タカシ：「思考に気がついている何かって、ハイヤーセルフのことを言っているのかな？」というのが思考だと気がつき、それを眺めている何かに意識をフォーカスするんだ。

キヨシ：「思考に気がついている何かって、ハイヤーセルフのことを言っているのかな？」と質問しただけじゃないか、それが思考と言われればそうだけど。

タカシ：それが思考だと気がつくことが、まず必要なんだ。次にその思考に気がついている「何か＝意識」に矢印を向けるんだ。それを一日中続けるんだよ。

キヨシ：そんな簡単なことで、その息子さんみたいに気がつくのかな？

チューリップ：つべこべ言わずにやってみなさいよ。男でしょ。

キヨシ：わかったよ。とりあえず、やってみるね。

ローラ：キヨシさん、素直になったわね。幼子のように素直な人が天国を発見できるのよ。

願望はすべて叶っていた!?

タカシ：僕はある時、すごいことを発見したんだ。

ローラ：何それ？

タカシ：「僕の願望はすべて叶っていた」と気がついたんだ。それまでは、願望は叶わないことが多く、人生を恨んでいたことにも気づいたんだ。

チューリップ：どういうこと？　タカシの願望は叶っていないのに、叶っていたっていうのは論理的に矛盾しているわよ。

タカシ：例えば、宝くじの例を出してみるよ。宝くじを毎月買って、当選結果をネットで見ることを繰り返していた時期があるんだ。
引き寄せや願望実現の本に書いてある「当たったことを強くイメージし、ワクワクすること」をやってもダメだったんで、それらの法則はウソだと思ったね。ある時、心を深く探っていくと、宝くじに当たりたくない自分がいたんだ。これには驚いたね。

ローラ：え！ タカシは宝くじに当たりたいと思っていたのに、心の深いところでは、当たりたくなかったの？

タカシ：そうなんだ。なぜ宝くじに当たりたくないかを自分自身に聞いたら、大金が当たると、お金をくれという人が押し寄せてきたり、誰かに狙われるかもしれないという恐怖があることに気がついたんだ。それで、当たってほしくないと思っていたんだよ。

ローラ：そうだったの、タカシの「当たらない」という深い思いがいつも叶っていたのね。

タカシ：そうなんだ。人生のすべてを振り返ってみると、嫌な出来事もすべて、深いところの自分が望んでいたことに気がついたんだ。

これに気がついた時は、本当に驚愕したよ。とても嫌だった出来事さえ僕の深いところが望んでいたとは、思わなかったからね。

十数年求めていた「悟り」さえも、深いところでは望んでいなかったんだ。悟ってしまえば、自分が消える恐怖があって、それを拒んでいたんだ。

それに気がついてからしばらくして、2度目の一瞥体験が起こったんだ。

顕在意識で望んでいることでも、潜在意識の深いところでは望んでいないことが多いんだ。

ローラ：そうなのね。でも、潜在意識の深いところで何を望んでいるか、どうすればわかるのかな？

ヒゲ神：自問自答を繰り返し、掘り下げていくとわかるぞ。重要なのは、必要な時に、必要なことが明らかになるのじゃ。無理に今知る必要はないぞ。
あなたの目の前に展開していることは、あなたの投影なのじゃ。あなたが消えた時、あなたという全体がすべてを創造しているのがわかるじゃろう。

アースセーバー

タカシ：今日は、「絶対的平安のありか」を話すね。

ローラ：パチ、パチ、パチ。

タカシ：一瞥体験中、常にそれとともにあることに気づいているんだけど、通常意識に戻ると、どっかに行ってしまったような気になるんだ。いつも今ここにあるはずなのにね。
最近、気持ちがどん底になったんだ。でも、トイレに行った時、それを再び思い出したんだ。
そこは静かで、平安なんだ。外がどんな状況でも関係ないってわかるんだよ。

ローラ：タカシはいいわね、いつもそこに戻れて。

タカシ：そんなことはないよ。でも、そこに戻るコツがつかめたので、以前よりはすぐに立ち戻ることができるんだ。
僕は、その方法を皆に伝えたいんだ。そこがわかれば、何があっても大丈夫だと腹の底から思えるからね。それをベースにして現象界の夢（心の底からやりたいこと）を宇宙の流れにそってやっていけば、人はイキイキと生きられるんだ。

チューリップ：何だか、タカシ、以前より進歩した気がする。

ローラ：チューリップちゃんの言う通り、私もそう感じるわ。

タカシ：お二人ともありがとう。それと、もう1つ、やりたいことがあるんだ。
絶対的平安に立ち戻って、心の底からやりたいことをシェアする場を作りたいんだ。そういうことに興味を持った人たちが集まって感じていることをシェアするだけで、いろんな気づきがあると思うよ。
その場の中で、絶対的平安を見つけるヒントや、魂の夢の見つけ方などをアドバイスして、皆で夢を共同創造したいんだ。

ヒゲ神：タカシ、それはいいことじゃな。やってみるといいぞ。タカシの考えに共感した人が集まるじゃろう。

タカシ：ヒゲ神様、ありがとうございます。
それともう1つ、僕のやりたいことがあるんだ。地球を救うことを本気で志す人たち（アースセーバー）のコミュニティーを世界各地に作りたいんだよ。

アースセーバーたちが集まって、いろいろ議論して、いろんなプロジェクトを立ち上げていくと、ものすごいことができる気がするんだ。

チューリップ：タカシは、地球を救う！

救うって言っているけど、もう一度聞くわ。何から何を救うの？

タカシ：まず、自分自身から自分を救うんだ。これが一番大切だね。思考の奴隷になっている人がほとんどだから、そこから救いたいんだ。

次に、家族、地域、国家から救いたいんだ。

これはどういうことかというと、家族の常識、地域の常識、国の常識、この奴隷になっている人がほとんどなんだ。常識が、自分のやりたいことを縛ってしまって、自由に動けなくなっている人を常識の縄から解放したいんだ。この縄が取れると、さらに自由になって、軽やかに生きられるようになるよ。

最後に、地球の常識からの解放だよ。人類共通の常識（縄）はとても強力なんだ。

例えば、こんな常識（縄）だ。

- 核の傘がなければ生きられない。
- 原発がなければ生きられない。
- 国境がなければ、難民が押し寄せて生きられない。
- 軍隊がなければ生きられない。
- 世界平和なんて無理だ。

僕はこの縄から人々を解放したいんだ。

この縄から人々を地球規模で解放したいと心から願っている人たちをアースセーバー（地球を救う人）と僕は呼んでいるんだ。

僕は本気だよ。僕だけの力では、それは無理だからね。

僕はこの本を使って呼びかけたい！

「地球を救いたい」という、熱い思いを持っている諸君！

志のある方と連絡を取り合い、各地でコミュニティを作ってください。

チューリップ：やっと、タカシの考えていることがわかったわ。そういうふうに説明してくれれば、納得よね。

タカシ：チューリップに僕の思いが伝わってうれしいよ。これでこの物語は終わりです。ここまで読んでいただいた皆様ありがとうございました。

ボク：ちょっと待って、この物語はこれで終わらないんだ。

この本を読んでいるあなた！
あなたが目覚めて行動すれば、世界を変えられるんだ。
ここからが、本当の物語のスタートなんだ。

おわりに

２００２年、地球一周の旅の途中、すべての人が悟れば世界平和が実現するというひらめきが訪れ、その経験が私の活動の原点となりました。

旅から帰国して本を出版するために数か月、執筆活動を続けましたが数十ページの原稿しか書けず出版を断念しました。当時、文章能力が低く経験も浅かったので、本にするような分量を書くことはできなかったのです。

その後、数度の一瞥体験を経験し、ネットＴＶ・earth-tvで１００人以上の一瞥体験者にインタビューしてきました。

２０１７年の春、あるブログの発想がひらめき、数か月書き続けたブログを本の形にまとめたのが、この物語のベースとなりました。

平成と令和が切り替わる時期に、十数年前に断念した「本の出版」が実現したのは感慨深いものがあります。

ここ数年で、目覚める人（一瞥体験をする人）が急速に増えているのを感じます。

業界や地位、有名、無名にかかわらず、それが起こっているのが特徴です。この本に登場するキャラクターたちも、そのような人たちをヒントに生み出されました。

あなたのお隣にも、そのような人がいるかもしれません。

最後に、本書の出版を快く決めていただいたナチュラルスピリットの今井社長には、とてもお世話になりました。編集者やイラストレーターの選定など出版までの道のりをサポートしていただきました。また、本書を丁寧に編集してくださった編集者の磯野しえさん、イラストレーターのいしいひろゆきさん、伏田光宏さん、原稿を何度もチェックしてくれた友人たち、生んでくれた両親、ブログを応援してくれた読者の皆さま、私と関わってくれたすべての人に感謝を捧げます。

令和元年（２０１９年）５月　　　　地球ひろし

地球 ひろし（ちきゅう ひろし）

1963年兵庫県生まれ。滋賀県大津市在住。

30代後半、人生に絶望し、会社をやめ地球一周の旅に出る。

その際、傷ついた地球を救うことが自分の使命だと感じ、すべての人が悟れば世界平和が実現するというひらめきが訪れた。2009年、ヒーリング、チャネリングなどのセミナーをスタートする。数年後、「私がない」という一瞥体験（覚醒体験）を経験し気づきが深まる。2014年、悟りや良質なスピリチュアルを伝えるためネットＴＶ・earth-tvを開局する。

現在、関西を中心に今ここの平安の発見と心からやりたいこと（魂の夢）を共同創造するための活動を行っている。

アドリエHP　http://adorie.me
ブログ　http://adorie.me/blog

ボクが地球を救う！
究極の真理についての対話

2019年5月15日　初版発行

著者／地球ひろし
装幀／斉藤よしのぶ
編集／磯野しえ
DTP／伏田光宏

発行者／今井博揮

発行所／株式会社ナチュラルスピリット

〒101-0051 東京都千代田区神田神保町3-2　高橋ビル2階
TEL 03-6450-5938　FAX 03-6450-5978
E-mail　info@naturalspirit.co.jp
ホームページ　http://www.naturalspirit.co.jp/

印刷所／中央精版印刷株式会社

ISBN978-4-86451-303-6 C0010